Mondzyklen als Lebenshilfe

Wulfing von Rohr

Mondzyklen als Lebenshilfe

Leben im Einklang mit dem Kosmos

Urania Verlags AG

Illustrationen/Fotos:
S. 15 Mitchell Funk, © TIB, Zürich
S. 21, 28 und 70 Gerd Aumann, Wiesbaden
S. 41, 67, 95 und 103 mit freundlicher Genehmigung von Corel Corporation, Ottawa

1. Auflage: 1.-7. Tausend 1997

ISBN 3-908645-27-1

Umschlaggestaltung: Kreativ Design, Wiesbaden
Satz: GBS, CH-3250 Lyss
Printed in Germany

Inhalt

Caspar David Friedrich,
Mondaufgang am Meer, 1822.

Der Mond ist aufgegangen…

Der Mond ist aufgegangen,
Die goldenen Sternlein prangen
Am Himmel hell und klar;
Der Wald steht schwarz und schweiget,
Und aus den Wiesen steiget
Der weiße Nebel wunderbar.

Wie ist die Welt so stille,
Und in der Dämmrung Hülle
So traulich und so hold!
Als eine stille Kammer,
Wo ihr des Tages Jammer
Verschlafen und vergessen sollt.

Seht ihr den Mond dort stehen? –
Er ist nur halb zu sehen,
Und ist doch rund und schön!
So sind wohl manche Sachen,
Die wir getrost belachen,
Weil unsre Augen sie nicht sehn.

Matthias Claudius, Aus dem *Abendlied*

Auf wundersame Weise sind wir Menschen in eine schöpferische Ordnung eingebettet: das große, weite Weltall, Lichtstraßen- und Sonnensysteme, unsere kleine Erde, die um eine dieser Sonnen kreist…

Es gibt unsichtbare, jedoch höchst wirksame Zyklen und Zeiten. Es gibt den Makrokosmos des Weltenrunds und den Mikrokosmos unseres blauen Planeten Erde, und mitten drin uns körperlich so kleine Menschen, in denen doch ein großes geistiges Potential steckt.

Unsere moderne Zeit hat die Schönheiten dieser Schöpfung und oft auch die Ordnung, die allem zugrunde liegt, vernachlässigt und vergessen, verdrängt und teilweise sogar zerstört. Aus den Gedichten der sogenannten Romantik scheint herüber, wie die Seele der Dichter von der Erkenntnis berührt wurde, daß wir alle Teil eines großen Ganzen sind.

Auch wenn sie verschüttet wurde, gibt es diese Ordnung des Lebens heute noch. Sie kommt aus einer größeren Kraft – möge man sie «Gott» nennen oder «kosmische Urenergie» oder anders – und bildet die Grundlage unseres Seins. In der Natur unserer Seele ist diese Ordnung archetypisch genauso angelegt wie im Himmelskreis um uns herum.

«Und Gott sprach: Es werden Lichter an der Feste des Himmels, die da scheiden Tag und Nacht und geben Zeichen, Zeiten, Tage und Jahre und seien Lichter an der

Feste des Himmels, die da scheinen auf die Erde. Und es geschah so. Und Gott machte zwei große Lichter; ein großes Licht, das den Tag regiere, und ein kleines Licht, das die Nacht regiere...»

Anonyme mittelalterliche Darstellung

Soweit der Mythos der Schöpfungsgeschichte nach dem Alten Testament (1. Buch Mose, 14-16).

In diesem kleinen Buch möchte ich Ihnen etwas vom Wunder und vom Zauber des Mondes vermitteln und zeigen, wie seine Rhythmen unser Leben in vielem bestimmen. Ich möchte Sie ermuntern, sich auf den inneren Einklang zwischen Schöpfung und Seele einzulassen, der schon jetzt existiert – und von uns nicht etwa erst gemacht werden müßte.

Der stetige Wandel zwischen Tag und Nacht und Nacht und Tag, das schier ewige Auf und Ab vom dunklen Neumond zum hellen Vollmond und wieder zurück, spiegelt etwas vom Kreislauf unseres Lebens. Auch wir «gehen auf» und «gehen unter», auch wir sind in einer ständigen Entwicklung begriffen – die in vielerlei Hinsicht parallel zu den Zyklen des Mondes läuft.

Dieses kleine Buch soll Sie dazu anregen, Ihr Leben voller Freude und Zuversicht schöpferisch aktiv zu gestalten. Es soll Ihnen ein Stück Lebenshilfe sein – und vielleicht sogar spirituelle Inspiration, auf Ihrem Lebensweg auch der Entfaltung Ihrer Seelenkräfte genügend Beachtung zu schenken.

Mögen die Verse von Joseph von Eichendorffs «Mondnacht» auch Ihre Seele beflügeln, Ihre wahre Heimat zu erkunden und sich vom weichen Licht des Mondes den Weg «nach Hause» zeigen zu lassen.

Es war, als hätt der Himmel
Die Erde still geküßt,
Daß sie im Blütenschimmer
Von ihm nun träumen müßt.

Die Luft ging durch die Felder,
Die Ähren wogten sacht,
Es rauschten leis die Wälder,
So sternklar war die Nacht.

Und meine Seele spannte
Weit ihre Flügel aus,
Flog durch die stillen Lande,
Als flöge sie nach Haus.

Joseph von Eichendorff, Aus *Mondnacht*

1. Der Mond in Mythologie und Wissenschaft

Besonders in alter Zeit gingen die meisten Menschen davon aus, daß Sonne, Mond, Planeten und Sterne direkt und unmittelbar auf die Erde und die Menschen wirken, durch die sichtbare Strahlung des Lichts und durch unsichtbare, rätselhafte, geistige Strahlungen. Mögen wir das auch als Aberglauben abtun, so besteht natürlich eine direkte Wirkung einiger Himmelskörper durchaus.

Der Sonnenstand (bzw. die Drehung der Erde um sich selbst) ruft das Phänomen von Tag und Nacht hervor, von Licht und Dunkel, von «Leben» und «Tod». Der Sonnenlauf im Jahr (bzw. richtig: der Erdenlauf um die Sonne) bestimmt unsere Jahreszeiten, legt den Wachstumsbeginn, die Reifephasen und die Erntezeiten der Vegetation fest, und bestimmt damit unsere körperliche Lebensgrundlage auf entscheidende Weise.

Der Mondstand ruft (durch die Anziehungskräfte des Mondes) bekanntlich Ebbe und Flut hervor. Manche Mondkonstellationen haben sogar große Sturmfluten zur Folge. Die Mondphasen bestimmten die besten Saat-, Pflanz- und Schnitt- bzw. Erntezeitpunkte. Nicht zuletzt finden wir den Rhythmus der Mondzyklen in der

Die Gezeiten der Meere entstehen durch die Anziehungskraft des Mondes.

Menstruationsperiode der Frau und in den Fruchtbarkeitszyklen vieler Tiere wieder.

Die Polizei beobachtet immer wieder, daß bei Vollmond und (in geringerem Maße) bei Neumond mehr Autounfälle, Unglücke und Gewalttaten als zu anderen Zeiten geschehen. Flugzeugbesatzungen wissen, daß bei Vollmond und Neumond viele Passagiere gereizter reagieren als sonst. Vor allem Frauen sind bei Vollmond noch sensibler als ohnehin. Und in vielen Krankenhäusern weiß man, daß bei Vollmond und bei Neumond mehr Komplikationen als normal auftreten.

Der Autor mußte dies vor seiner Bekanntschaft mit der Astrologie am eigenen Leibe spüren, bei einer Mandeloperation und einer Weisheitszahnextraktion. In beiden Fällen kam es zu größeren Problemen, einmal mit sehr starkem Nachbluten, das andere Mal mit dem Kreislauf. Heute werde ich keine Operation mehr bei Vollmond oder Neumond machen lassen.

Mondfinsternisse und noch mehr Sonnenfinsternisse hatten früher eine sehr reale psychologische Wirkung: Sie lösten Angst und Schrecken aus, weil viele Menschen befürchteten, daß die Ordnung des Kosmos umgestürzt werde, daß das Licht der Sonne womöglich für immer verschwände und dem Leben auf Erden dann ein Ende gesetzt würde.

Mondgöttinnen

In der griechischen Mythologie war Artemis, die Zwillingsschwester des Apollo (der später auch als «Sonnengott» galt), zunächst die Göttin der Jagd, die Herrin wilder Tiere, die Beschützerin der Jugend und der Frauen. Artemis wurde jedoch auch mit dem Mond in Verbindung gebracht und deshalb später mit der Mondgöttin Selene «verschmolzen».

G.F. Guercino, Der schlafende Endymion, 1. Hälfte 17. Jahrhundert. (Selene, die Mondgöttin, ließ Endymion, den König von Elis, in ewigen Schlaf fallen, weil sie den Gedanken an seinen Tod nicht ertrug.)

Die römische Mythologie betrachtete die Göttin Diana als Gottheit der Wälder. Später wurde sie mit Artemis in deren Funktion als Mondgöttin gleichgesetzt. In Efes in der heutigen Türkei – dem antiken Ephesus Kleinasiens – entstand einer der bedeutendsten Artemis-Tempel.

In China stahl die Mondgöttin Chang-o oder Heng O den Göttern das Elixier der Unsterblichkeit und suchte beim Mond Zuflucht vor ihrem Mann Hou Yi, dem Herrn der Bogenschützen, der sie verfolgte. Einer Legende zufolge wurde sie in eine dreibeinige Kröte verwandelt und für immer auf den Mond verbannt. Ein Fest ihr zu Ehren findet am 15. Tag des 8. Mond-Monats im Herbst statt.

Mondkalender

Das Wort Mond kommt aus einem indogermanischen Wortstamm für «messen». Die frühesten Kalender, die von Menschen benutzt wurden, beruhten auf den Umlaufphasen des Mondes um die Erde.

Diese Phasen von Neumond über den zunehmenden Halbmond zum Vollmond und wieder zurück kann jeder einfach beobachten. Die Mondphasen sind auch kurz genug, um zeitlich überschaubar zu bleiben. Ein «Monat» begann, wenn die schmale Sichel des neuen Mondes zu sehen war. Von Neumond zu Neumond vergehen rund

29,5 Tage. Die Monate wurden abwechselnd mit 29 und 30 Tagen gerechnet. Zwölf Mond-Monate ergeben etwas mehr als 354 Tage.

Noch heute benutzen manche Kulturkreise einen Mondkalender, zum Beispiel die islamische Welt. Der jüdische Kalender ist ein kombinierter Sonne-Mond-Kalender.

Ein Mondjahr wäre für die Landwirtschaft allerdings ungeeignet. Um für die Feldarbeit, die von Sonnenlicht und Sonnenwärme abhängt, vorbereitet zu sein, fing man an, Sonnen- und Mondkalender miteinander zu verbinden. Einige solcher Versuche in Mesopotamien und Griechenland, im römischen Reich und in keltischen Kulturen – z.B. Stonehenge –, in Indien und China sind noch heute nachweisbar. Ein reiner Sonnenkalender wurde von Papst Gregor XIII. vom Oktober 1582 an eingeführt.

Der Mond als Himmelskörper

Der Mond besitzt eine etwa 80 mal kleinere Masse als die Erde. Er hat keine Atmosphäre. Deshalb kann er auch die von der Sonne empfangenen Strahlen nicht als Wärme «speichern». Temperaturen schwanken zwischen plus 130° Celsius auf der «Tages-» oder Sonnenseite (und mancherorts kurzfristig sogar bis zu 300°) und minus 173° auf der «Nacht-» oder sonnenabgewandten Seite.

Die Mondbahn um die Erde führt im nächsten Abstand von 356.000 und im weitesten von 407.000 Kilometer um unseren Planeten herum. Das ist weniger als ein Prozent der Entfernung von der Erde zur Venus oder zum Mars. Die Geschwindigkeit des Mondes beträgt etwa einen Kilometer pro Sekunde. Er durchläuft 1° seiner Gesamtkreisbahn um die Erde in zwei Stunden, an einem ganzen Tag mit 24 Stunden durchmißt er also rund 12° oder etwas weniger als ein halbes Tierkreiszeichen.

Der Mond besteht zu 60% seiner Oberfläche aus Sauerstoff, zu etwa 16-17% aus Silizium, 6-10% aus Aluminium, 4-6% aus Kalzium, 3-6% aus Magnesium, 2-5% aus Eisen und 1-2% aus Titanium.

Auswertungen von Gesteinsproben der Apollo-Missionen lassen vermuten, daß der Mond etwa 4,5 Milliarden Jahre «alt» ist.

Wo stammt der Mond her? Darüber gehen die Meinungen auseinander. Eine Theorie besagt, daß der Mond ein Teil der Erde war, der sich von ihr durch die anfangs hohe Zentrifugalkraft der sich schneller drehenden Erde von ihr abspaltete, aber durch die Anziehungskraft der Erde in ihrem Kraftfeld blieb.

Eine zweite Theorie meint, daß es sich bei Mond und Erde um zwei unabhängige Himmelskörper handelt, die sich mehr oder weniger gleichzeitig am Beginn der Materialisierungen aus der «Urwolke» bildeten.

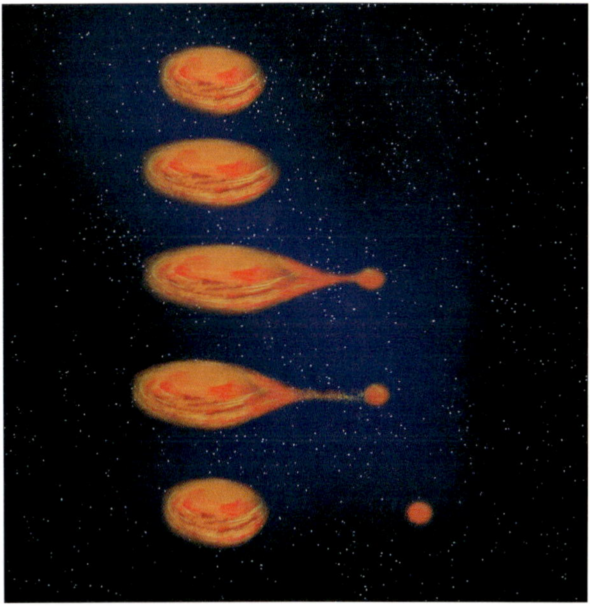

Der Spaltungshypothese zufolge sollte sich der Mond von einer noch glutflüssigen, schnell rotierenden Erde abgespalten haben.

Die dritte Theorie glaubt, daß die Erde mit ihrem Schwerkraftfeld einen Himmelskörper aus unserem Sonnensystem «eingefangen» hat, der sich ihr zu sehr genähert hatte.

Astronomisch betrachtet – und vielleicht auch symbolisch gesehen –, zeigt der Mond dem Menschen immer nur eines seiner beiden Gesichter! Rund 59 % der Mondoberfläche sind von der Erde aus sichtbar, 41 % blieben den menschlichen Augen verborgen – bis zum Zeitalter der Raumfahrt. Ist hier ein Bezug zu Psyche und Gefühlen zu finden, die astrologisch vom Mond symbolisiert werden?

Der Mond in der Astrologie

Der Mond ist ein Mittler zwischen Geist und Körper.

Er symbolisiert im Familienleben die Mutter, die Partnerin sowie die Frau allgemein.

Im politisch-gesellschaftlichen Feld repräsentiert der Mond das Volk (während die Sonne für deren Regierung steht), die Demokratie und die Öffentlichkeit.

Der Mond steht zusätzlich für die Nacht und für Träume. Esoterisch gilt er dem Anthroposophen Rudolf Steiner als Tor der Seele zur Vergangenheit; in der «Inneren Astrologie» nach den Lehren von Sant Mat (siehe auch Hinweis auf Meditation mit dem inneren Licht im Anhang) sieht die aufsteigende Seele den Mond auf der dritten von fünf inneren Hauptebenen.

Wenn der Mond entsprechende förderliche Aspekte genießt, dann deutet er im Horoskop auf Erfolge und öffentliche Anerkennung sowie ein reiches, kreatives Gefühlsleben hin. Gibt es dagegen gespannte Aspekte des Mondes zu anderen Planeten, so muß man zeitweise seelische Bedrückungen und melancholische Anwandlungen überwinden lernen sowie mit sogenannten Schicksalsschlägen bzw. häufigem Auf und Ab in Beruf, Wohnort, Partnerschaft und Familie und/oder Gelddingen fertigwerden.

Der Mond «regiert» Wasser, das Meer, Flüsse und Seen, entsprechend des Wasserbezugs auch die Schiffahrt; das Pflanzenwachstum und Wachstum generell, den Keim und seine Reifung; nach dem Astrologen Johannes Vehlow auch «die freie Heilkunde».

Mond und Körper

Der Mond vertritt astrologisch-symbolisch den gesamten Flüssigkeitshaushalt des menschlichen Organismus; weiter Magen, Bauch, Darm und Blase; die weiblichen Geschlechtsorgane einschließlich der Brüste und natürlich Menstruation, Konzeption, Schwangerschaft und Geburt; nach Vehlow auch das sympathische Nervensystem; das rechte Auge bei Frauen, das linke bei Männern (die Sonne repräsentiert das jeweils andere Auge); Drüsengewebe, Lymphgefäße; die gesamte linke Körperhälfte; schließlich auch die «Verflüssigung» und Aufnahme unserer Nahrung und deren Ausscheidung.

Die Schwerkraft des Mondes wirkt bekanntlich auf große Gewässer wie die Meere und trägt zum Phänomen von Ebbe und Flut bei. Manche Astrologen und Naturheilkundige gehen davon aus, daß diese Anziehungskraft auch auf sehr kleine Flüssigkeitssysteme wirkt, zum Beispiel auf den Wasserhaushalt des Menschen, den Blut- und den Lymphfluß, die Menstruation usf. Und wir kennen ja eine Menge von «Bauernregeln», die sich auf die hauptsächlich aus Wasser bestehenden Pflanzen und ihr Wachstum beziehen.

Dennoch bleibt es zumindest astrologisch gesehen kurios, daß der Mond als Repräsentant von Wasser und Gefühl im Horoskop selbst eher als ein besonders unwirtlicher Himmelskörper beschrieben werden muß.

Mond und Steine, Metalle und Farben

Mondstein, Opal, Perlen, Smaragd, Quarzkristall, Glas, Silber sowie Aluminium werden als zum Mond gehörig bezeichnet.

Als Himmelsrichtung gilt der Westen zum Mond gehörig, als Farben alle weißen, weißgelben, silbergrauen, silbrig-schimmernden und violetten Schattierungen.

Günstige bzw. neutrale Mondeinflüsse

- Materie, Form, Stofflichkeit, Wachstum
- Weiblichkeit, frauliche Reife
- Mütterlichkeit, nährende Qualitäten
- Liebe von Heimatland, freier Landschaft und Gewässern
- Anpassungsfähigkeit
- Sensibilität, Empfindsamkeit, Empfänglichkeit
- Gefühl, Psyche, «Seelisches» im Sinne von Seele = Gemüt (nicht Seele = ewiges Selbst)
- Reflektion, Widerspiegelung
- Vorstellungskraft, Phantasie, Kreativität, Träumerei
- Medialität, Magnetismus
- Häuslichkeit, Familie, Kinder
- Nahrung, Ernährung, Kochen
- Sympathie, Liebe, Freundlichkeit
- Unbewußtes, Unterbewußtsein
- Erinnerung, Vergangenheit
- Gewohnheiten, Ererbtes
- Öffentlichkeit, Menge, Masse, Volk

Herausfordernde bzw. gespannte Mondeinflüsse

- Bedürfnis nach emotionaler Sicherheit
- wechselhafte Stimmungen und Launen
- übertriebene «Gluckenmentalität» und erdrückende Fürsorge
- Bedürfnis, verstanden zu werden
- Materialismus
- zu starke mediale Beeinflußbarkeit
- Passivität
- Vermischung von inneren und äußeren Realitäten
- emotionale Verletzlichkeit
- (unbewußte) Abhängigkeiten

Manche Astrologen definieren den Mond als «Schlüssel zur emotionalen Sicherheit». Dann ist der Mond astrologisches Symbol für die tiefsten Gefühlsbedürfnisse, für unbewußte Manipulationen durch andere, für «Spielchen» rund um Abhängigkeiten und Empfindlichkeiten sowie für Kindheitsmuster.

Ferner soll der Mond für den Weg zur inneren Erfüllung stehen und jene Gaben beleuchten, die zur Persönlichkeitsintegration ohne Brüche führt.

2. Acht wichtige Mondphasen und Mondtypen

Der Mond zwischen Sonne und Erde

In den rhythmischen Zyklen von Neumond zu Vollmond gibt es im Verhältnis zur Erde zwei Phasen: die Phase des zunehmenden Mondes vom Neumond zum Vollmond und die des abnehmenden Mondes vom Vollmond zum Neumond. Erinnern wir uns daran, daß der Mond immer als «Spiegel» des Sonnenlichtes wirkt! Archetypisch lassen sich diese beiden Phasen gut unterscheiden.

Die Phase des zunehmenden Mondlichtes bringt spontanes Wachstum und instinktive Aktion mit sich. Sie unterstützt den Aufbau und die Entwicklung von organischen Strukturen.

Die Phase des abnehmenden Mondlichtes begünstigt generell Abschluß und Auflösung. Sie fördert die Entfaltung von Selbstreflektion und Sinn.

Innerhalb dieser zwei Phasen können wir vier Unterphasen feststellen:

- das erste Mondviertel von Neumond bis zum zunehmenden Halbmond: hier geht es um die Suche nach sich selbst;

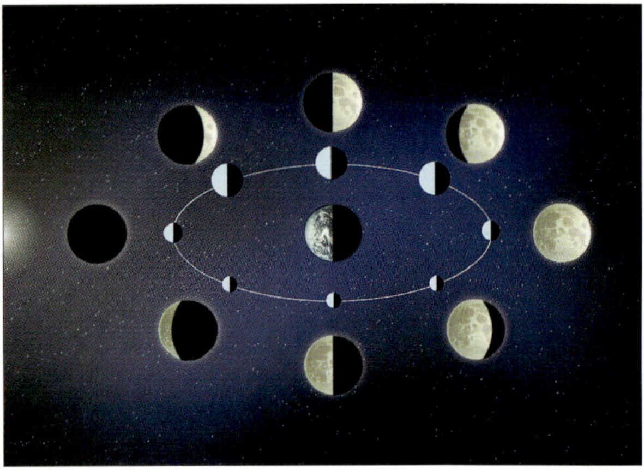

Da die beleuchtete Seite des Mondes stets der Sonne zugewandt ist (innerer Kreis), sehen wir je nach Position des Mondes einen unterschiedlich großen Teil des Mondes beleuchtet (außen).

- das zweite Mondviertel vom Halbmond bis zum Vollmond: hier baut man eine solide Grundlage für die Persönlichkeit auf;
- das dritte Mondviertel vom Vollmond zum abnehmenden Halbmond: es bringt «Ernte» oder «Ent-Täuschung»;

- das vierte Mondviertel vom Halbmond zum Neumond: Herausforderung durch veraltete Strukturen, vielleicht auch Rebellion dagegen, oder Reformation der persönlichen bzw. gesellschaftlichen Basis.

Was die Kombinationen von Sonne und Mond in allen Tierkreiszeichen bedeuten, können Sie im Buch «Karma und freier Wille im Horoskop» nachlesen. Auf den nachfolgenden Seiten finden Sie zunächst die grafische Darstellung von acht «Mondtypen», danach die Texterläuterung dazu.

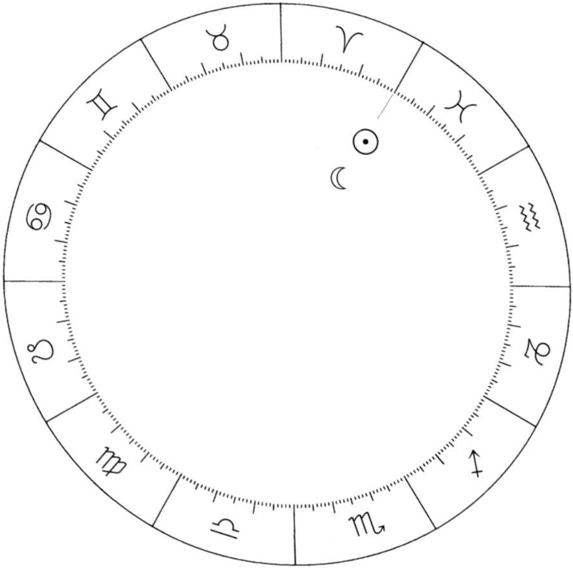

1. Sonne/Mond-Konjunktion bei 0° Widder. Der neue Mond (Mond im Tierkreis 10° vor oder hinter Sonne).

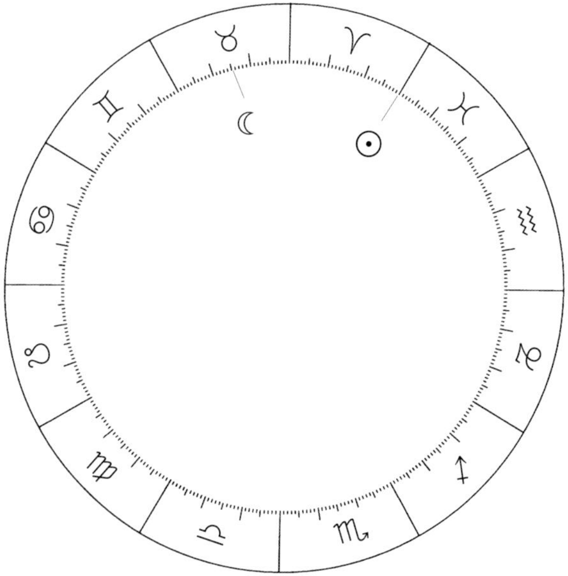

2. Sonne 0° Widder, Mond 15° Stier.
Der pflanzende Mond (Mond im Tierkreis 35°–55° vor Sonne).

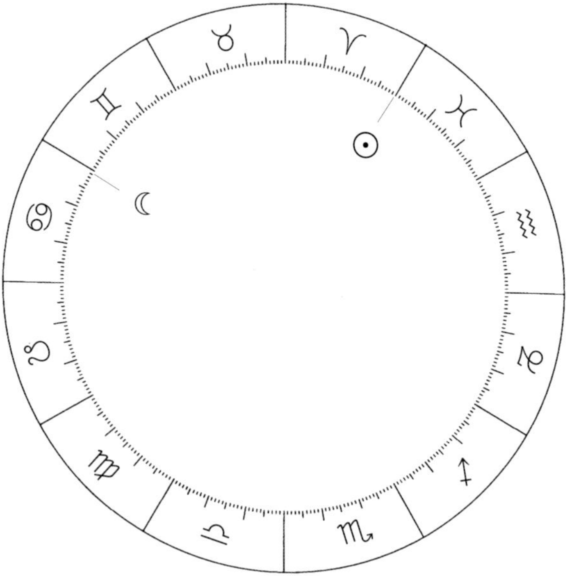

3. Sonne 0° Widder, Mond 0° Krebs.
Der wachsende Mond (Mond im Tierkreis
80°–100° vor Sonne).

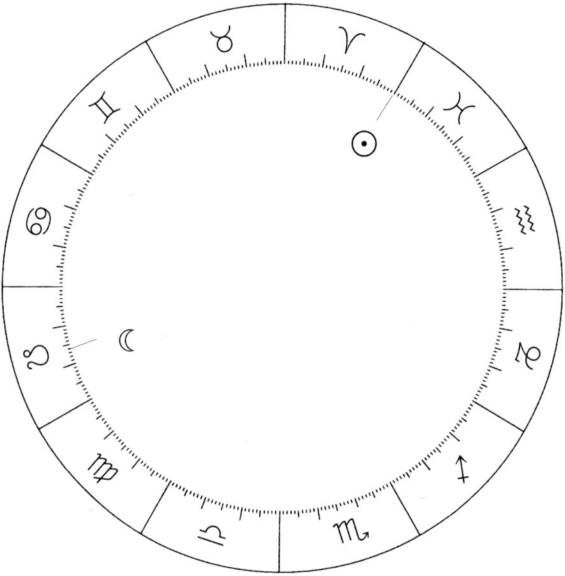

4. Sonne 0° Widder, Mond 15° Löwe.
Der reifende Mond (Mond im Tierkreis
125°–145° vor Sonne).

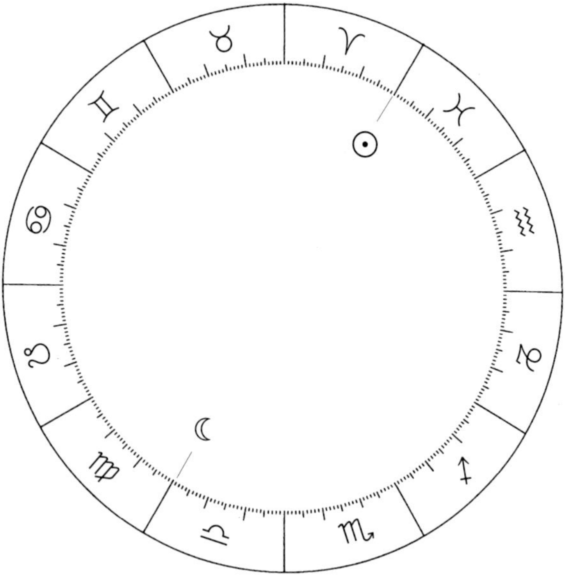

5. Sonne 0° Widder, Mond 0° Waage.
Der Erntemond (Mond 10° vor oder hinter Opposition mit Sonne).

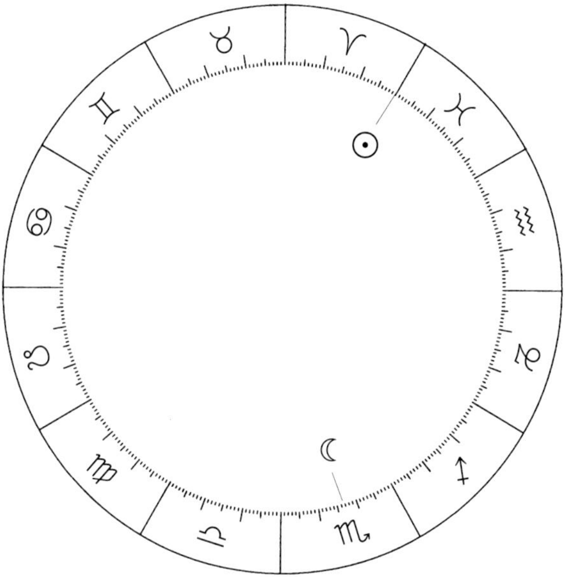

6. Sonne 0° Widder, Mond 15° Skorpion.
Der gebende Mond (Mond im Tierkreis
125°–145° hinter Sonne).

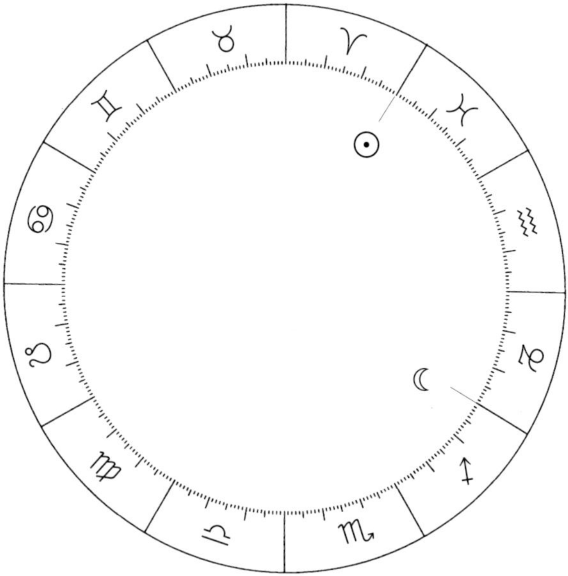

7. Sonne 0° Widder, Mond 0° Steinbock.
Der wandelnde Mond (Mond im Tierkreis
80°–100° hinter Sonne).

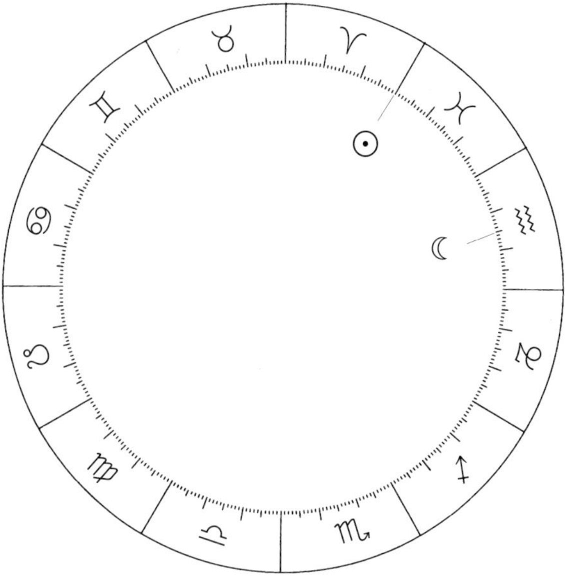

8. Sonne 0° Widder, Mond 15° Wassermann.
Der stille Mond (Mond im Tierkreis
35°–55° hinter Sonne).

● 1. Der neue Mond: Neumond

Lebensmotto ist Planung; es geht um die Projektion der eigenen Ideale und Vorstellungen in die äußere Welt; das Temperament ist impulsiv und instinktiv. Freud und Marx hatten diese Mondstellung in ihrem Horoskop. Dieser Mondtyp sind Sie, wenn Sie in Ihrem Horoskop eine Konjunktion zwischen Sonne und Mond haben, der Mond also nicht weiter als 10° vor oder hinter ihrer Sonne steht.

2. Der pflanzende Mond: Sichelmond (zunehmend)

Der Kerngedanke ist Selbstbehauptung; Anteilnahme an der positiven Veränderung alter Formen; man ist recht selbstbewußt. John F. Kennedy und Maria Montessori sind Beispiele dafür. Bei diesem Mondtyp steht der Mond im Horoskop 35° bis 55° im Tierkreis schon weiter vorgerückt als Ihre Sonne.

◐ 3. Der wachsende Mond: Halbmond (zunehmend)

Aktion steht im Mittelpunkt des Interesses; es existiert das Bedürfnis nach Aufbau von Strukturen, die den eigenen Idealen gerecht werden; man ist willensstark. Alice Bailey und John Lennon hatten diese Sonne-Mond-Beziehung. Bei diesem Mondtyp ist die Sonne 80° bis 100° im Tierkreis schon weiter vorgerückt als Ihre Sonne.

◐ 4. Der reifende Mond: Dreiviertelmond (zunehmend)

Das Schlüsselwort ist Ausdrucksreichtum; es geht um persönliches Wachstum im Rahmen eines sozialen Bezugs; Fragen und Suchen spielen eine Rolle. Janis Joplin und Jakob Böhme können exemplarisch genannt werden. Der Mond steht 125° bis 145° im Tierkreis weiter vorgerückt als Ihre Sonne.

○ 5. Der Erntemond: Vollmond

Bei diesem Mondtyp steht Erfüllung in jeder Hinsicht im Mittelpunkt; bei negativer seelischer Disposition könnte es auch zu einer Wirklichkeitsflucht oder Auflösung der eigenständigen Persönlichkeit kommen. Rudolf Steiner und Jiddu Krishnamurti sind Beispiele. Der Mond ist hier genau gegenüber von der Sonne im Horoskop, mit einer Abweichung von 10° nach beiden Seiten.

6. Der gebende Mond: Dreiviertelmond (abnehmend)

Der Kern ist hier Synthese; man gibt das weiter, was man sich erworben hat, und möchte andere Menschen beeindrucken und inspirieren. Meher Baba, aber auch Adolf Hitler hatten diese Mondstellung. Im Tierkreissinn betrachtet steht der Mond hier 215° bis 235° vor der Sonne. (Man könnte auch sagen, daß der Mond im Horoskop 125° bis 145° «hinter» der Sonne steht.)

7. Der wandelnde Mond: Halbmondtyp (abnehmend)

Es geht um Neuorientierung; man bemüht sich um die Anwendung universaler Prinzipien auf praktische Angelegenheiten; dabei ist man sehr erfindungsreich. Lenin und Trotzki sowie Colonel Olcott und Annie Besant sind prominente Beispiele dafür. Der Mond ist 260° bis 280° «vor» der Sonne bzw. 80° bis 100° hinter ihr.

8. Der stille Mond: Sichelmondtyp (abnehmend)

Befreiung bzw. Erlösung sind die Grundlage dieser Sonne-Mond-Beziehung; es geht um das Hervorbringen einer neuen Saat und die Weitergabe von Visionen oder Anlagen für die Zukunft; Verständnis für die Zusammenhänge zwischen Vergangenheit, Gegenwart, Zukunft und «Schicksal». Das Horoskop von Immanuel Kant, Dane Rudhyar und Bob Dylan weisen diese Mondstellung auf. Der Mond steht 35° bis 55° «hinter» der Sonne, bzw. 305° bis 325° «vor» ihr.

3. Die Erde zwischen Sonne und Mond

Neumondphasen sind Zeiten, um neue Pläne zu machen und um eine neue Tätigkeit zu beginnen, ein neues Vorhaben anzugehen.

Vollmondphasen sind die besten Zeiten, um Projekte oder Dinge zum Abschluß bzw. zur Vollendung zu bringen.

● Neumond

Neumond ist die beste Zeit zu einer Neuorientierung. Sonne und Mond befinden sich beim Neumond im selben Tierkreiszeichen. Das Männliche und das Weibliche verbinden sich, um einen neuen Samen zu bilden.

Jetzt ist der beste Zeitpunkt, etwas zu säen – sowohl in die Erde als auch in das Bewußtsein. Welche Saat gepflanzt wird, liegt bei Ihnen selbst! Das Tierkreiszeichen, in dem der Neumond stattfindet, erhält starke Energie. Diese Energie können wir verwenden, um unsere Absichten und Vorhaben im Leben auch wirklich zu manifestieren.

Bewußtwerdung über die kosmischen und die entsprechenden eigenen inneren Zyklen ist eine wichtige Hilfe, um die Zügel des Schicksals selbst in die Hände zu nehmen. Dabei dient der Mond bzw. seine Wandelphasen vom Neumond zum Vollmond als Wegweiser.

Zum Neumond kommt es, wenn die Sonne durch den letzten Abschnitt eines Tierkreiszeichens läuft. Den ganzen vorangegangenen Monat waren wir in der Energie dieses Tierkreiszeichens. Wir haben beim Vollmond die Opposition zwischen Sonne und Mond gespürt und die Polarität zwischen dem Sonnenzeichen und dem Tierkreiszeichen, in dem der Mond stand. Jetzt, wenn sich der Mond mit der Sonne verbindet, haben wir die Chance, Erfahrungen zu integrieren, die wir während des Durchlaufs der Sonne durch das jeweilige Zeichen gemacht haben.

Wir können für einen von zwölf großen Lebensbereichen ein Samenkorn einpflanzen, welches das ganze folgende Jahr auf unser Leben wirkt – bis die Sonne und der Mond ein Jahr später wieder in dieses Zeichen eintreten.

○ Vollmond

Krankenhäuser verzeichnen bei Vollmond mehr Geburten und Sterbefälle als sonst, es gibt leider auch mehr Gewalttaten und allgemein mehr emotionale Empfindlichkeiten, geistige Unruhe, Nervosität und Streß.

Bei Vollmond steht die Sonne dem Mond genau gegenüber, in einer «Opposition», wie die Astrologen sagen.

Der Vollmond scheint, wenn die Sonne etwa die Hälfte ihres Weges durch ein Tierkreiszeichen gemacht hat. Während die Sonne in einem Tierkreiszeichen leuchtet, steht der Mond ihr genau gegenüber und strahlt im entgegengesetzten Zeichen des astrologischen Tierkreises. Hier haben wir es mit der Energie einer «Opposition» zu tun. «Oppositionen», wenn sich zwei Kräfte genau gegenüber befinden, können wunderschön sein – denken Sie an eine liebevolle Umarmung. Sie können auch unangenehm sein – denken Sie an einen Boxkampf. Oder sie können kraftzehrend sein – zum Beispiel bei einem Tauziehen.

Es wäre unbedacht, diese Vollmondzeit des möglichen Wachstums nicht für uns arbeiten zu lassen, sondern sie zu einem unbewußten Problem werden zu lassen. Bei Vollmond haben wir potentiell die Chance, alles klarer und deutlicher zu sehen. Die Vollmondzeit verschafft uns Klarheit über unsere Stärken und Schwächen, über unsere Wünsche und unerfüllten Bestrebungen in jenen Bereichen des Lebens, die von den Tierkreiszeichen symbolisiert werden, in dem sich der Vollmond bildet.

Beide Phasen – Neumond und Vollmond – können je nach der Bedeutung des Mondes im Horoskop des einzelnen Menschen sowie nach seiner/ihrer Empfindsamkeit für den Mond 2, 3, 4 oder sogar 5 Tage vor dem genauen Neumond- oder Vollmondstand beginnen und genausolange auch noch nach dem exakten Neu- bzw. Vollmond nachwirken.

Azlan T. White, einer jungen Astrologin aus Santa Fe, mit der ich das Buch «Mondkraft» im Econ Verlag geschrieben habe, bin ich sehr dankbar für wichtige Hinweise über die Mondpositionen und ihre symbolischen und energetischen Wirkungen.

Zur Einschätzung der Zeiten zwischen diesen beiden markanten Mondstellungen von Neumond und Vollmond dient die folgende Beschreibung als Anhaltspunkt.

Der zunehmende Halbmond markiert eine Phase, in der Sie Ihre zuvor bereits gefaßten Pläne und Projekte zur Verwirklichung bringen können. Dies ist also eine Zeit der Manifestation.

Während des abnehmenden Halbmonds tun Sie gut daran, Vorhaben abzuschließen bzw. sich innerlich oder äußerlich darauf vorzubereiten, Bilanz zu ziehen. Es ist eine Zeit der Beendigung.

○ Vollmond und Neumond ●

Zeitrahmen und Tips für den Alltag

Vollmond und Neumond in den Tierkreiszeichen treten dank der relativ regelmäßigen Sonnenpositionen jedes Jahr etwa im selben Monat auf (die genauen Vollmond- und Neumondtage in den Tierkreiszeichen finden Sie in der Tabelle auf Seite 109-114). Vollmond und Neumond verbinden wie die Mondknoten die Sonne und den Mond mit der Erde.

Im folgenden Abschnitt finden Sie zunächst eine Kurzübersicht zum Mond in den Zeichen mit kleinen Hinweisen zum Verhalten, um die Mondenergie richtig zu nutzen, und danach tiefer gehende Überlegungen zur Bedeutung von Vollmond und Neumond in den Tierkreiszeichen.

Die Wirksamkeit der Zeiten, wenn der Mond viel Sonnenlicht oder gar keins zur Erde spiegelt, gilt je nach individueller Empfänglichkeit immer auch einige Tage vor und nach dem Datum.

Die Angabe «Neumond im…» bzw. «Vollmond im…» bezieht sich auf das Tierkreiszeichen, in dem sich der Mond jeweils befindet.

Januar

Vollmond im Krebs: Was Sie immer schon in Familie oder Heim abschließen wollten, können Sie nun zum guten Ende bringen.

Neumond im Steinbock: Planen Sie jetzt das, was eine längere Zeit Bestand haben soll; günstig vor allem für realistische Berufsziele und Wohnungsdinge.

Februar

Vollmond im Löwen: Genießen Sie das Leben, feiern Sie die Feste, die Ihnen zufallen – aber lassen Sie sich nicht vom schönen Schein blenden.

Neumond im Wassermann: Gehen Sie nach innen und lassen Sie sich von neuen Zielen und Ideen zu Veränderungen in Ihrem Leben inspirieren.

März

Vollmond in der Jungfrau: Achten Sie kritisch darauf, Vorhaben «rund» zu machen und sich den verdienten Erfolg jetzt nicht noch wegnehmen zu lassen.

Neumond in den Fischen: Eine gute Zeit, um nach innen zu gehen, zu meditieren. Spüren Sie in diesen Tagen, was Ihnen im Leben wirklich wichtig ist.

April

Vollmond in der Waage: In der Partnerschaft können langgehegte romantische Wünsche in Erfüllung gehen – solange Sie nicht zu überstürzt vorgehen.

Neumond im Widder: Was Sie jetzt bewegt, sollten Sie ernster nehmen; leben Sie Impulse aus, bei denen Sie sich unwillkürlich wohler fühlen.

Mai

Vollmond im Skorpion: Verspielen Sie durch allzu große Leidenschaft jetzt nicht ihre beruflichen und finanziellen soliden Grundlagen.

Neumond im Stier: Die beste Grundlage für eine erfüllte Beziehung ist, wenn Materie und Geist übereinstimmen: legen Sie jetzt den Grundstock dazu.

Juni

Vollmond im Schützen: Eine günstige Zeit, um über gemeinsame geistige Ziele offen zu sprechen – auch wenn man nicht einer Meinung ist.

Neumond in den Zwillingen: Versteht man Sie so, wie Sie es möchten? Falls nicht, ist nun eine gute Zeit, Ihre Kommunikation auf eine neue Basis zu stellen.

Juli

Vollmond im Steinbock: Lassen Sie durch momentane Ängste über Geld und Sicherheit nicht Ihre Gefühlsbindungen in Frage stellen!

Neumond im Krebs: Machen Sie jetzt Pläne für eine neue Phase in Ihrem Familienleben: was können Sie in die Wege leiten, damit sich alle wohler fühlen?

August

Vollmond im Wassermann: Ungewöhnliche Eingebungen sollten Sie nicht aus der Bahn werfen; freuen Sie sich, daß neue Perspektiven jetzt Früchte tragen.

Neumond im Löwen: Was können Sie tun, um die Erfolge zu erzielen, von denen Sie träumen? Eine gute Zeit, um solche Projekte neu zu beginnen.

September

Vollmond in den Fischen: Bringen Sie nun Ihre Träume in die Wirklichkeit: verreisen Sie, räumen Sie die Wohnung um, gönnen Sie sich etwas!

Neumond in der Jungfrau: Ziehen Sie eine Zwischenbilanz, ob das Jahr so läuft, wie Sie möchten. Jetzt wäre eine gute Zeit, um den Kurs zu korrigieren.

Oktober

Vollmond im Widder: Volle Kraft voraus: eine gute Zeit, um mit Energie und Freude wichtige Vorhaben abzuschließen, die noch offen sind.

Neumond in der Waage: In diesen Tagen geht es um eine Bilanz der Partnerschaft: stellen Sie die Weichen neu, wenn Sie bislang nicht erfüllt sind.

November

Vollmond im Stier: Jetzt fällt es vielen Menschen nicht ganz leicht, ihre Gefühle zu beherrschen. Vorsicht also vor emotionalem Fehlverhalten!

Neumond im Skorpion: Was bewegt Sie ganz tief in Ihrem Innersten? Entscheiden Sie sich, Ihr ganz persönliches Glück auch zum Lebensziel zu machen.

Dezember

Vollmond in den Zwillingen: Schreiben Sie einen wichtigen Brief bzw. führen Sie das Gespräch, das Sie schon lange aufgeschoben haben.

Neumond im Schützen: Was bedeuten Ihnen geistige Ideale und Seelenbewußtsein? Jetzt ist eine gute Zeit, Yoga- oder Meditationskurse zu beginnen.

Psychologische Deutungen zu Vollmond und Neumond in den Tierkreiszeichen

○ Vollmond im Widder

Jetzt stehen Ihr Ich, Ihre Wünsche und Bedürfnisse im Scheinwerferlicht des Mondes. Viele Beziehungen sind während dieser Vollmondphase zerbrochen. Der Wunsch nach Unabhängigkeit ist wird stark genug, um schwache Partnerschaften ins Wanken zu bringen. Das Selbst steht gegen die anderen, Zusammenarbeit steht gegen Individualität, Partnerschaft gegen Einsamkeit. Wir neigen zum Alleinsein. Wir möchten frei sein von den Zwängen, die man in einer Partnerschaft oft fühlt. Sie sollten zu diesem Zeitpunkt nicht gerade auf Hochzeitsreise gehen oder sich mit jemandem versöhnen wollen, denn jetzt dominiert der Teil der Persönlichkeit, der sich mit niemandem arrangieren will. Besser verreisen Sie allein, oder meditieren Sie, oder Sie trennen sich notfalls vorübergehend vom Partner, um Ihre wahren Gefühle zu erkennen.

● Neumond im Widder

Nun sollten Sie Ihre Pläne für das ganze folgende Jahr festlegen. Widder ist der Anfang jedes Neubeginns. Wo wollen Sie Neuland erschließen? In welchem Bereich Ihres Lebens wollen/sollen Sie Pionierarbeit leisten? Wo hat sich noch niemand sonst hingewagt? Mit dieser Energie können Sie den Kämpfer in sich selbst unterstützen, den Einzelgänger, die Person, die Kraft haben muß, um alte Ängste zu besiegen oder gegen festgesetzte Normen anzukämpfen. Dieser Neumond markiert die beste Zeit, sich auf ein neues Abenteuer einzulassen – sowohl in der Welt als auch in Ihrem Bewußtsein.

○ Vollmond im Stier

Der November-Vollmond wird oft als der intensivste Vollmond des Jahres bezeichnet. Zu keiner anderen Zeit soll es mehr psychische Zusammenbrüche, Selbstmordversuche und andere derartige Ereignisse geben als um die Zeit des November-Vollmondes. Es geht jetzt darum, wie Sie Ihre Anlagen und Energien verwenden, verändern, manipulieren und im Zusammenspiel mit den Anlagen und Energien anderer einsetzen. In unserer Welt ist Geld eine der Hauptformen der Energie, die wir mit anderen tauschen. Also können Sie davon ausgehen, daß Sie sich jetzt mit Geldangelegenheiten auseinandersetzen müssen. Es könnte sein, daß Sie das Bedürfnis nach Veränderung mit Ihren praktischen Anlagen verknüpfen. Was kann Ihnen in diesem intensiven Durcheinander Sicherheit geben? Der Vollmond im Stier bringt Energie in Ihr Berufsleben und in die Art, wie Sie in Ihrer Welt verankert sind.

● Neumond im Stier

Befindet sich der Neumond im Zeichen Stier, sollten Sie die Gedanken auf Finanzen, Anlagen, Immobilien sowie all das richten, was Ihr Leben erhält – dazu gehören auch Ihre Gaben und Talente und Charakteranlagen! Gefällt Ihnen Ihr Beruf oder die Art, wie Sie sich den Lebensunterhalt verdienen? Jetzt ist der richtige Zeitpunkt, um in uns zu gehen und Pläne für diese Bereiche zu erstellen. Pläne machen heißt nicht, daß wir auch wissen müssen, wie wir unsere Pläne in die Tat umsetzen. Zuerst akzeptieren wir unseren Wunsch, dann folgt die Absicht, ihn zu erfüllen. Der Neumond im Sternzeichen Stier ist eine starke Kraft, um Ihre Wünsche zu manifestieren. Ihre Energien sollten in dieser Zeit Geld, Werten und Ressourcen gewidmet werden, wobei Sie sich vor allem das positive Ergebnis «visualisieren» sollten, das Sie anstreben.

○ Vollmond in den Zwillingen

Wir haben jetzt das Bedürfnis zu reden. Vielleicht gehen Sie in eine Buchhandlung und lassen Blicke und Gedanken durch die verschiedenen Themenbereiche gleiten. Wie stehen Sie zu Ihrer Religion, was denken Sie über Weltanschauung, wie versuchen Sie, Empfindungen und Theorien unter einen Hut zu bringen? Es kann sein, daß Sie zögern, sich einer neuen Sache zu verpflichten. Das Zeichen Zwillinge betont den Teil unserer Persönlichkeit, der viele verschiedene Ideen ausprobieren möchte. Wir werden ermutigt, unseren bisherigen Glauben, das Rechtssystem oder unsere Bildung in Frage zu stellen. Wir fühlen uns offener, nach Alternativen zu suchen, neue Betrachtungswinkel kennenzulernen, uns von überholten Dogmen zu befreien, die wir mit uns schleppen. Der Vollmond in diesem Zeichen gibt uns die Möglichkeit, unseren Geist zu befreien.

● Neumond in den Zwillingen

Befindet sich der Neumond im Zeichen der Zwillinge, können wir unseren Geist auf den Verstand, die Kommunikation und unsere (Aus-)bildung richten. Gibt es etwas, das Sie in diesem Jahr lernen möchten? Wo sind Sie gleichzeitig Lehrer und Schüler des Lebens? Werden Ihre mentalen Bedürfnisse befriedigt? Können Sie sich selbst ausdrücken? Der Neumond im Zwilling ist hervorragend geeignet, um eine neue Idee zu gebären oder etwas Neues zu erlernen. Es ist die beste Zeit, um sich auf Kommunikation und Mitteilungen aller Art zu konzentrieren.

○ Vollmond im Krebs

Der Vollmond im Sternzeichen Krebs beleuchtet das Verhältnis zur Mutter. Die Krebs/Steinbock-Achse ist die Komponente der Eltern. Die Sonne befindet sich im Zeichen des Steinbocks – dem Zeichen des Vaters – der Autorität. Es ist der väterliche Einfluß, der uns diszipliniert und Regeln festsetzt. Der Mond steht der Sonne im Zeichen des Krebses gegenüber. Dabei wollen wir vielleicht gegen Autorität(en) in unserem Leben rebellieren. Möglicherweise sehnen wir uns nach der Weichheit der Mutter, der Geborgenheit des Heimes. Überdenken Sie die Gewohnheiten, die Sie von Ihren Eltern übernommen haben. Wie oft haben Sie sich schon gedacht: «Ich klinge ja wie meine eigene Mutter?» Nun ist der richtige Zeitpunkt, um zu beurteilen, ob diese Stimmen aus Ihrem Unterbewußten helfen oder bremsen – und ob Sie womöglich etwas verändern sollten.

● Neumond im Krebs

Im Krebs befindet sich der Neumond in seinem ursprünglichen Zeichen. Hier planen wir für Familie und Heim. Wie nähren oder «bemuttern» Sie sich selbst und andere? Fühlen Sie sich gehegt und geliebt? Wie können Sie es in dieser Hinsicht schöner haben und besser machen? Der Neumond im Zeichen Krebs ist eine gute Zeit, um die Einrichtung in der Wohnung umzustellen, ein pflegendes Bad zu nehmen oder der Beziehung zur Mutter eine neue Dimension zu geben.

○ Vollmond im Löwen

Wieviele Stars der Bühne haben Ihr Debüt wohl an einem Vollmond im Sternzeichen Löwe gegeben? Die Sonne steht im Zeichen des Wassermanns, dem Zeichen der Gemeinschaft und der Zukunft. Wir sind zwar alle gleich und die Gemeinschaft ist wichtig, aber der Vollmond im Löwen gibt uns das Gefühl, ein «Star» zu sein. Wir sehen uns als Individuum glänzen. Ergründen Sie, was Sie leisten, wie Sie sich ausdrücken und wie Sie auf Ihre eigene Art kreativ sind. Wir alle haben etwas, das uns von allen anderen unterscheidet. Es ist Zeit, daß Sie diese Kräfte ausleben. Während des Vollmondes im Löwen ist die gesellschaftliche Szene besonders attraktiv: Also viel Spaß und genießen Sie diese Zeit!

● Neumond im Löwen ♌

Steht der Neumond im Zeichen Löwe, sollten Sie Ihre Kräfte der Entfaltung Ihrer Kreativität widmen und überlegen, was Sie jetzt einleiten oder auf den Weg bringen können, um sich selbst mehr oder besser zu verwirklichen. Sie könnten eine Reise vorbereiten, ausgedehnt einkaufen gehen oder wieder einmal im Lieblingsrestaurant essen. Beim Neumond im Löwen können Sie sich darauf einstellen, wie Sie das Leben mehr genießen und auch Ihre Individualität, Kreativität und Selbstachtung fördern können. Wohin fließt Ihre Kreativität? Fließt sie überhaupt? Blockierte schöpferische Energie kann Probleme verursachen, z.B. Krankheiten oder Depressionen. Der Neumond im Löwen ist eine gute Zeit, um zu prüfen, ob Sie Ihre Kreativität auch wirklich nutzen – und, falls Sie das nicht tun, sich fest vorzunehmen, daran etwas zu verbessern.

○ Vollmond in der Jungfrau ♍

Nun befindet sich die Sonne im Zeichen der Fische – dem Zeichen der fließenden, verträumten Energie der Harmonie und dem Gefühl der Verbundenheit mit allem. Der Vollmond beleuchtet den Widerstand. Ihre Träume sind vielleicht wunderbar, aber sind sie auch realistisch? Jetzt ist eine gute Zeit, sich zurückzuziehen und eine Zwischenbilanz des Jahreslaufs zu ziehen. Was tun Sie, um Ihre Träume zu manifestieren? Haben Sie vergessen, sich um die Realität zu kümmern? Vertrauen (beeinflußt durch das Zeichen der Fische) ist wichtig, aber können Sie sich nur auf Vertrauen verlassen und so leben? Haben Sie sich so ernährt, daß Ihr Körper gesund bleiben kann? Jetzt wird deutlich, auf welche Details wir mehr Wert legen sollten. Es könnte sich auch um einen Bereich handeln, welcher der Heilung oder der besonderen Fürsorge bedarf.

● Neumond in der Jungfrau ♍

Bei Neumond im Zeichen Jungfrau richten wir unsere Aufmerksamkeit auf die Gesundheit und die Details des Lebens. Paßt die tägliche Routine des gemeinsamen Lebens zu Ihnen? Wie setzen Sie Ihre Talente ein, um anderen zu helfen? Kümmern Sie sich genug um den eigenen Körper? Muß vielleicht ein Haushaltsgerät repariert werden oder Ihr Auto zur Inspektion? Neumond im Zeichen Jungfrau ist eine gute Zeit für eine Neuorientierung in den Bereichen Gesundheit und Dienst am Mitmenschen. Es ist der beste Zeitpunkt, um dem Körper, Auto, Haushalt oder der Gesellschaft im allgemeinen etwas Gutes zu tun. Sie könnten sich auch überlegen, eine Darmreinigungskur zu beginnen.

○ Vollmond in der Waage ♎

Hier kommen wir auf die Widder/Waage-Achse zurück, jedoch von der anderen Seite betrachtet. Der Vollmond im Zeichen der Waage beleuchtet die Beziehung zwischen dem Ich und den anderen. Waage ist das Sternzeichen, das unsere zwischenmenschlichen Beziehungen betont. Sie lenkt die Aufmerksamkeit auf unsere Mitmenschen. Was erhoffen Sie sich von einer Beziehung? Was mögen Sie mehr oder weniger in Ihrer Partnerschaft? Die Waage ist das Zeichen der Liebe, romantische Gefühle werden jetzt also aktiviert. Möglicherweise möchten Sie Ihrem Partner Blumen schenken. Verhandlungen und Versuche, sich zu versöhnen, stehen zu keiner anderen Zeit unter einem besseren Stern. Falls Sie keinen Partner haben, könnten Sie sich zu dieser Zeit etwas einsam fühlen. Aber es ist auch eine gute Zeit, sich darüber klar zu werden, was Sie von einem zukünftigen Partner erwarten.

● Neumond in der Waage ♎

Steht der Neumond im Zeichen der Waage, so konzentriert sich unsere Energie auf die zwischenmenschlichen Beziehungen. Wir entscheiden, wie wir die Beziehungen zu anderen gestalten wollen. Wo wäre mehr Harmonie, Ausgeglichenheit oder Zusammenarbeit möglich? Wie möchten Sie andere Menschen erleben? Neumond im Zeichen Waage ist ein ausgezeichneter Zeitpunkt, eine neue Partnerschaft zu beginnen oder eine alte wieder zu beleben.

○ Vollmond im Skorpion ♏

Die Sonne befindet sich im Stier – dem Zeichen der persönlichen Anlagen und der Sicherheit. Wir fühlen uns jedoch alles andere als sicher. Es ist jetzt am besten, wenn Sie sich von Situationen oder Umständen, die zuviel Intensität von Ihnen verlangen oder möglicherweise zu Gewalttätigkeit führen, fernhalten. Es ist eine Zeit der Neuorientierung oder Veränderung jener Aspekte unserer Persönlichkeit, die uns nicht mehr fördern bzw. stärken. Probleme in Beziehungen sind an ihrem Höhepunkt angelangt. Unsere Emotionen sind sehr intensiv. Falls Sie sich dabei ertappen, sich verrückt oder lebensmüde zu fühlen, so denken Sie immer daran, daß auch das vorbei geht. Führen Sie bewußt die notwendigen Veränderungen in Ihrem Leben durch! Setzen Sie sich auch mit dem Gedanken auseinander: «Ich könnte morgen sterben. Was würde ich heute machen, wenn das mein letzter Tag wäre?» Das ist eine wichtige Erfahrung, die wir auf unser Leben wirken lassen sollten.

● Neumond im Skorpion ♏

Während der Neumond im Tierkreiszeichen des Skorpions steht, können Sie sich die Zeit nehmen, sich tiefer in zwischenmenschliche Beziehungen einzulassen. Wie sind Sie mit anderen Menschen verbunden? Dies ist auch eine gute Zeit für finanzielle Investitionen, in weiterem Sinne auch für zwischenmenschliche «Investitionen». Sie könnten planen, wie Sie mit Geld, Werten oder Mitteln und Talenten anderer Menschen umgehen. Wie gehen Sie in Ihrer Partnerschaft mit sexuellen Dingen um? Wie beurteilen Sie Ihre Sexualität, und was können Sie beginnen, daran zu verbessern?

○ Vollmond im Schützen ♐

Wir sind wieder bei der Erziehungs- und Bildungsachse angelangt (Zwillinge/Schütze), jedoch befindet sich der Vollmond jetzt auf der anderen Seite, im Schützen. Es ist gut, Informationen zu haben (Zwillinge), aber wir sind mehr als Computer, die Wissen speichern, um es irgendwann einmal wieder abzurufen. Welche Bedeutung haben all die Informationen, die Sie ansammeln? Es ist wichtig, daß Sie einmal alle Teile der Psyche zusammenrufen und bei einem «Gespräch am runden Tisch» diese Aspekte diskutieren. «Woran glaubst Du? Was ist Deine Bedeutung im Leben?» Während des Vollmonds im Schützen kann es sein, daß Sie reisen, Ihren Horizont erweitern oder philosophieren möchten. Laden Sie zum Beispiel alle intellektuellen Freunde zu einer Party ein, um gesellschaftliche, kulturelle, moralische oder spirituelle Gespräche zu führen.

● Neumond im Schützen ♐

Das ist die beste Zeit des Jahres, um Glaubenswerte und Lebensziele festzusetzen oder zu bestätigen. Wie wollen Sie die Welt erfahren? Gibt es unbekannte, ferne Orte, zu denen Sie reisen möchten, oder Meditationswege, die Sie kennenlernen wollen, um Ihren geistigen Horizont zu erweitern? Das Zeichen Schütze zeigt einen Bogenschützen, der seinen Pfeil zum Stern in der Mitte der Milchstraße schießt. Symbolhaft zeigt uns der Neumond im Schützen jene Zeit, in der wir unsere Pfeile in den Himmel schießen sollen: Jetzt werden Ihre spirituellen Ziele geboren, Ihre Glaubenssuche und Ihr Wunsch, alles in einem größeren Zusammenhang zu sehen. Jetzt können Sie sich hohe Ziele setzen, die Sie dem Sinn des Lebens näher bringen.

○ Vollmond im Steinbock

In dieser Mondphase fließt starke Energie in den Bereichen Autorität, Regelsetzung und Strukturen. Wir sind wieder bei der Elternachse angelangt (Krebs/Steinbock), diesmal mit dem Schwerpunkt auf der väterlichen Seite. Während der Zeit dieses Vollmonds im Steinbock erkennen Sie die Führer und Lehrer Ihres Weges. Jetzt haben Sie die Chance zu analysieren, wie Sie sich mit den Leitfiguren Ihres Lebens auseinandersetzen. Wie empfinden Sie die Struktur, die Ihr Leben wie ein roter Faden durchzieht? Fördert sie Ihr wirkliches Selbst, oder tun Sie etwas nur, weil es viele vor Ihnen auch schon so gemacht haben? Wie gehen Sie mit Ihren Ambitionen und Ihren Wünschen nach Aufstieg und Karriere um?

● Neumond im Steinbock

Neumond im Steinbock gibt die Möglichkeit zur Neuorientierung in bezug auf Arbeit in der Welt, Beruf, Autoritätsfiguren in der Umgebung und die grundlegenden Strukturen im Leben. Mögen Sie den Zeitplan und die Art, wie Sie arbeiten? Wollen Sie den Umgang mit Autorität oder Disziplin verändern? Neumond im Steinbock ist ein guter Zeitpunkt, um eine neue Arbeit zu beginnen, sich ein neues Ablagesystem für das Büro zu erarbeiten oder die Beziehung zu Autoritätspersonen zu verändern.

○ Vollmond im Wassermann

Es ist Zeit, sich von alten Strukturen zu lösen. Dieser Vollmond bringt Ihren revolutionären Geist hervor. Der Wassermann beleuchtet die Hoffnungen und Träume für eine bessere Zukunft. Er läßt uns innerlich rebellisch werden, nicht um des Widerspruchs willen, sondern um die Welt zu verbessern. Dieser Vollmond strahlt auf die Intuition, die in jedem von uns schlummert, die uns neue gute Ideen und neue Erfindungen ermöglicht. Sie sollten für die Gemeinschaft, für Ihr Land, für unsere Welt eine Zukunftsvision entwickeln. Während der Zeit dieses Vollmondes ist es auch schön, unter Freunden zu sein, die Ihre Träume für eine bessere Zukunft teilen.

● Neumond im Wassermann ♒

Die Neuorientierung in den Bereichen der modernen Technologie, Gemeinschaft, Zukunft oder Freiheit ist zu diesem Zeitpunkt sehr günstig. Sie könnten etwas erfinden oder eine drastische Veränderung im Leben vornehmen. Es ist die perfekte Zeit, um etwas Ungewöhnliches oder ganz und gar Unübliches zu beginnen. Jetzt können Sie feststellen, wo Sie in Ihrem Leben mehr Freiheiten benötigen. Dieser Neumond gibt die Chance, fast alles im Leben zu revolutionieren.

○ Vollmond in den Fischen ♓

Wir sind alle ein Teil derselben großartigen Welt! Gott ist in jedem von uns. Zu diesem Vollmond paßt folgendes symbolisches Bild: Alle großen Weisen, Heiligen und Meister – gleich, wann sie lebten – sitzen zusammen in einem Boot in der Mitte des Ozeans und kommunizieren mittels Telepathie mit den Delphinen und Walen über die Harmonie des Ganzen. Während die Jungfraukomponente (in diesem Zeichen steht die Sonne jetzt) eher auf Leistungen in bezug auf Körper und Umwelt gerichtet ist, sind die Fische (dort ist der Mond) das Zeichen für die Dienstleistungen am Ganzen. Unsere subtilen Gefühle sind verstärkt spürbar. Sie können sich endlich hinsetzen und das Gedicht, das Sie schon immer schreiben wollten, beginnen, oder das Gebet formulieren, das Sie schon immer sagen wollten. Achten Sie darauf, daß Sie nicht in die «Opferseite» der Fische abrutschen. Sie sind und bleiben Herrscher Ihrer eigenen Sphäre – trotz all der subtilen Empfindungen, die sich in dieser Mondphase einstellen mögen. Fühlen Sie sich dennoch als Opfer, so ist dieser Vollmond ein guter Zeitpunkt, um ein ernstes Wort an das Unterbewußtsein zu richten, das Sie aus alter Gewohnheit sabotieren möchte. Nehmen Sie das Steuer in die Hand, sprechen Sie ein kurzes Gebet und entscheiden Sie selbst, wohin Sie gehen wollen.

● Neumond in den Fischen ♓

Bringen Sie sich mit Ihrer Umwelt in Einklang. Wir wollen uns verbinden, eins werden oder Mitgefühl zeigen, uns vom persönlichen Ego und den eigenen Problemen loslösen, um an der Einheit und der Harmonie des Lebens mehr Anteil zu haben. Sie können sich in den Dienst der

Allgemeinheit stellen oder spirituelle Übungen ausführen, die Sie der Harmonie näher bringen. Neumond in den Fischen ist ein wunderbarer Zeitpunkt, um Ihren spirituellen Wesenskern tiefer zu ergründen und sich auf den geistigen Sinn des Lebens einzustellen. Eine sehr gute Zeit, um zu meditieren!

4. Der Mond und Ihr Schicksal

☊ Mondknoten als Anzeiger von Entwicklungszyklen ☋

Nicht nur der Mond selbst ist für uns Menschen, für unser körperliches Wohlbefinden und unsere Stimmungen von Bedeutung, sondern auch die gar nicht sehr bekannten sogenannten «Mondknoten». Sie sind die beiden Punkte im Raum, an denen sich die Umlaufbahn des Mondes um die Erde mit der Umlaufbahn der Erde um die Sonne «schneidet».

Der «aufsteigende» oder «nördliche» Mondknoten, der auch «Drachenkopf» heißt (☊), zeigt an, welche neuen karmischen Aufgaben und Chancen zur Erfüllung unseres Lebenssinns auf uns warten. Der genau gegenüberliegende «absteigende» oder «südliche» Mondknoten, der auch «Drachenschwanz» genannt wird (☋), weist darauf hin, wo wir bei der Aufarbeitung alter Themen, Blockaden und Probleme noch «hängen». Die Verbindung zwischen diesen beiden Punkten ist die «Mondknotenachse».

«Es kommt mir so vor, als ob ich nichts aus mir heraus willkürlich tun kann, als ob ich geführt werde, sanft, wenn ich mich füge, rauh, wenn ich widerstehe», formulierte der deutsche Außenminister Walther Rathenau im Hinblick auf sein Leben.

Die sanfte Führung wird durch den aufsteigenden Mondknoten symbolisiert, die rauhe, wohl eher treibende als führende Hand, durch den absteigenden.

Die Mondknoten und unser Sternenhimmel

Unser gesamtes Sonnensystem bewegt sich mit einer Geschwindigkeit von rund 19 Kilometern pro Sekunde(!) in bezug auf unsere Nachbarsterne. Die Sonne und damit das gesamte Sonnensystem und auch wir auf unserer kleinen Erde rasen mit etwa 250 Kilometern pro Sekunde in der Weite des Alls rund um das galaktische Zentrum. Die Geschwindigkeit des Sonnensystems in bezug auf das Zentrum der Milchstraße beträgt immerhin 900.000 Stundenkilometer. Wird Ihnen jetzt auch ein bißchen schwindlig? Nicht nur der Blick in den funkelnden Nachthimmel, sondern auch diese Zahlen und Tatsachen können uns durchaus nachdenklich stimmen, was unsere Rolle als bewußte Wesen in diesem riesigen Kosmos wohl sein mag. Darüber hinaus bewegt sich sogar unsere Galaxie und steht nicht einfach still.

Die Mondknoten sind die beiden Punkte, an denen die Umlaufbahn des Mondes um die Erde die Umlaufbahn der Erde um die Sonne schneidet. Es sind rein «rechnerische» bzw. «gedachte» Punkte zwischen den beiden Linien der beiden Umlaufbahnen.

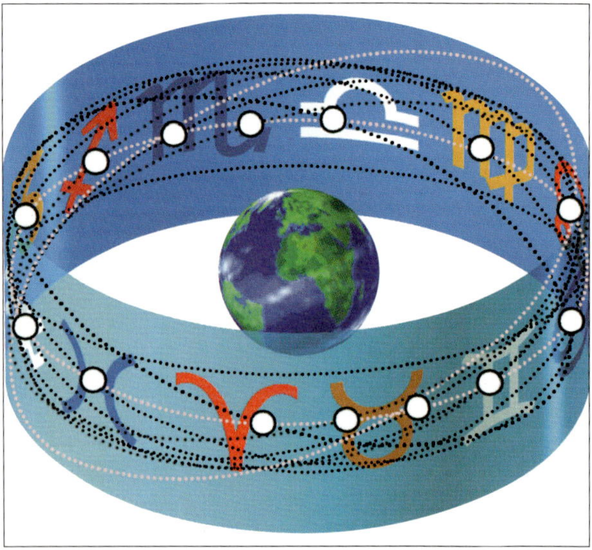

Die Schnittpunkte der Ekliptik (A) und der Mondbahn (B) bewegen sich in 18.5 Jahren einmal durch den Tierkreis. Die Schnittpunkte werden Mondknoten (C) genannt. Himmelsäquator = D.

Etwas technischer und «astronomischer» ausgedrückt, ist der nördliche oder aufsteigende Mondknoten jener Grad auf der Ekliptik, dem «Meßkreis der Tierkreiszeichen», über den der Mond auf seiner Umlaufbahn um die Erde von der Erde aus gesehen von der südlichen auf die nördliche Breite wechselt und umgekehrt. Der südliche bzw. absteigende Mondknoten liegt auf unserem Meßkreis genau 180 Grad gegenüber.

Die Mondknotenachse läuft generell «rückwärts», also im Tierkreis nicht von Widder über Stier usf. zum Zeichen Fische und weiter, sondern von Widder über Fische und Wassermann «gegen» den Tierkreis, eben rückwärts. Es dauert rund 18,5 Jahre, bis die Mondknotenachse einmal durch den Tierkreis gewandert ist. Damit gehören die Mondknoten weder zu den Schnelläufern wie Mond, Merkur und Venus noch zu den Langsamläufern wie Uranus, Neptun und Pluto. Ihre Laufzeit liegt zwischen der des Jupiters mit rund 12 und der des Saturns mit rund 29 Jahren.

Kommen wir zur astrologischen Deutung. Es gibt in der Astrologie eine Fülle von Meinungen zu ein und demselben Thema, auch zur Bedeutung der Mondknoten. Wir sollten diese Meinungsvielfalt als eine Bereicherung ansehen und nicht als ein vermeintliches Indiz für Unklarheit oder gar Wertlosigkeit. Hier einige wichtige Ansichten verschiedener Astrologen zum Thema «Bedeutung der Mondknoten», danach eine eigene Deutung.

«Da die Knoten keine realen Punkte (Lichter) im üblichen astronomischen System sind, ist ihre bedeutungsvolle und rechte Anwendung immer beträchtlich esoterischer Natur gewesen... (Die Mondknotenachse) fungiert im Horoskop wie ein leeres Rohr, das die unbekannte Vergangenheit (Karma) mit der bekannten Gegenwart verbindet. In anderen Worten überbrücken die Knoten die Lücke zwischen der früheren Form der Seele zur gegenwärtigen Seelenstruktur und deren möglicher Verbindung zur zukünftigen Form der Seele.»
(Dr. Mohan Koparkar, «Lunar Nodes»)

«Im Unterschied zu den Planeten haben der auf- und absteigende Mondknoten keine eigene Wirkkraft. Es sind also latente, empfangende Wirkstellen wie die Felderspitzen (Felder = Häuser, Anm. d. A.), die für die Deutung erst Bedeutung haben, wenn Aspekte der Planeten auf sie fallen. Ohne Aspekte der Planeten können wir den auf- und absteigenden Mondknoten unbeachtet lassen. Empfangen Sie hingegen Aspekte, so ist folgendes zu beachten: Der aufsteigende Mondknoten ist seiner Natur nach harmonisch, der absteigende Mondknoten ist seiner Natur nach disharmonisch... Die Mondknoten schaffen neue Verbindungen oder Trennungen in den menschlichen Beziehungen...»
(Ernst-Günther Paris, «Der Schlüssel zum Horoskop», Bd I)

«Einige Theorien über die Bedeutung der Mondknoten... 1. Die Knoten sind nur bedeutungsloser Krimskrams... 2. Die Knoten zeigen vergangenes und zukünftiges Karma an... 3. Die Knoten zeigen, wie du dich auf deine Umwelt einstellst und mit ihr in Verbindung trittst... 4. Die Knoten stellen Punkte von Glück und Pech dar...»
(Donna Van Toen, «The Astrologer's Node-Book»)

«Die Mondknoten und ihre Wichtigkeit sind von modernen Astrologen nicht genügend betont worden. Der Südknoten zeigt immer den Weg des geringsten Widerstands an; das Gewohnheitsmuster aus anderen Leben, aus dem man herauswachsen oder das man ablegen muß. Der Nordknoten zeigt den Ausweg an; den Pfad der Integration, durch den man zur Erfüllung gelangen kann... Der Mond regiert das Unterbewußte, und die Knoten haben einen großen Einfluß, wenn es um unterbewußte Muster geht. Der Südknoten hat etwas zu tun mit den unterbewußten Motivationen der Vergangenheit. Der Nordknoten repräsentiert neue Bewußtseinsmuster, die noch entfaltet werden wollen. Die Alten sagten, daß der Nordknoten günstig und der Südknoten ungünstig wären. Das ist nicht notwendigerweise so. Wenn wir an der Vergangenheit haften und uns weigern, in die Zukunft oder in neue und noch nicht erprobte Erfahrungen zu gehen, behindern wir unser Wachstum und unsere Entwicklung.

Kristallisation ist nicht böse. Sie ist nur dumm... Der Nordknoten stellt die neue Arbeit dar, die erledigt werden muß, die neuen Fähigkeiten, die man entwickeln muß. Der Südknoten ist der Weg des geringsten Widerstands und funktioniert leicht, weil er zu einem ständig wiederholten Muster geworden ist. Der Nordknoten ist der neue Kanal, der gegraben werden muß; die neue Herausforderung und der Punkt der spirituellen Erfüllung.»
(Isabel M. Hickey, «Astrology – A Cosmic Science»)

«Mondknoten – Prinzip: Anknüpfung, Verbindung. Psychologische Entsprechung: (wenn positiv) Anpassung, Streben nach Verbindungen, Geselligkeit, Kameradschaftlichkeit, verbindliches Wesen. (Wenn negativ) Mangel an Anpassung, Ungeselligkeit, unsoziales Verhalten, Unverträglichkeit.»
(Reinhold Ebertin, «Kombination der Gestirneinflüsse»)

«Der aufsteigende Mondknoten ähnelt in seiner Qualität der Kombination von Jupiter/Sonne, der absteigende Saturn/Mond... Die Mondknoten sollten nicht überschätzt werden.»
(Bernd A. Mertz, in einem Seminar auf dem Stoos)

«Viele Astrologen betrachten die Mondknoten als außerordentlich wichtig für die Deutung. Aber ihre Erklä-

rungen zur Bedeutung variieren. Im allgemeinen geht man davon aus, daß der Mondknoten ein Punkt des instinktiven Selbstschutzes ist und der Südknoten ein Platz, an dem die Dinge ‹auf den Hund kommen›.»
(Eleanor Bach, «Astrology from A – Z»)

«Heute wird in der astrologischen Gemeinschaft allgemein anerkannt, daß die Mondknoten den Hauptschlüssel darstellen für das Verständnis des Lebens als Teil eines kontinuierlichen Fadens. Viele Astrologen glauben, daß die Mondknoten mehr Bedeutung besitzen als das übrige Horoskop. Einem qualifizierten Experten kann die Kenntnis über Sonne, Mond und Mondknoten das ganze Leben eines Individuums enthüllen… Die (Mond)Knoten repräsentieren die Ursache-Wirkung-Beziehungen, nach denen man sein Leben führt. Sie machen den Unterschied aus zwischen mundaner (= weltlicher, Anm. d. A.) und spiritueller Astrologie…

Die (Mond)Knoten sind tatsächlich Punkte des Seelen-Magnetismus, einer zieht in die Zukunft hinein und der andere kommt aus der Vergangenheit.»
(Martin Schulman, «Karmische Astrologie 1 – Mondknoten und Reinkarnation»)

«Wenn wir die Mondknoten studieren, betrachten wir eine Beziehung zwischen der Umlaufbahn des Mondes um die

Erde und der Umlaufbahn der Erde um die Sonne. (Die Schnittpunkte dieser beiden Bahnen bilden die beiden Mondknoten; Anm. d. A.)... Durch die Mondknoten wird die Beziehung zwischen ‹menschlichem› Willen und ‹göttlichem› Willen gesehen, zwischen den bewußten Anstrengungen, die Ich-gerichtete Persönlichkeit und die überbewußte Führung..., welcher auf die Erkenntnis und Verwirklichung der gesamten ‹kosmischen› oder göttlichen Persönlichkeit hinarbeitet... Am Nördlichen Mondknoten sehen wir das Schicksal wirken; am Südlichen Mondknoten den menschlichen Willen. Die Achse der Knoten zeigt uns die Weisungen des Schicksals, den Zweck der Bestimmung – und was hinter diesem Zweck in der Vergangenheit liegt. Mehr als alles andere sagt sie etwas über das ‹Warum› des individuellen Lebens aus.»
(Dane Rudhyar, «Astrologie der Persönlichkeit»)

Was also sind die Mondknoten, was bedeuten sie für Ihr Leben? Nach meiner Meinung ist der absteigende Mondknoten so etwas wie die «Achillesferse» des Egos des Menschen. Der aufsteigende Mondknoten ist demgegenüber der «Auftrag» oder der «Sinn des Lebens», der oft genug nicht richtig oder erst später im Leben als solcher erkannt wird.

Ich bezeichne die Mondknotenachse am liebsten als «Bewußtseinsachse». Darin kommt zum Ausdruck, daß es um eine Entwicklung der Persönlichkeit auf vielen Ebenen geht – auf der körperlichen, psychologischen und spirituellen, ohne den leicht bitteren Beigeschmack von «Karma», «Schicksal» und dergleichen. Dane Rudhyar wies zu Recht darauf hin, daß astronomisch gesehen am Südknoten «Sonne und Mond ohne jegliche Beziehung» sind, und er folgerte, daß der Mond am Südknoten zerstreut und am Nordknoten verdichtet.

Weitere Schlüsselworte zu den beiden Mondknoten sind:

Der nördliche oder *aufsteigende Mondknoten* steht für Zusammenfassung, Integration, Anziehung und Fortschritt in der Entwicklung durch eigene Bemühung.

Der südliche oder *absteigende Mondknoten* symbolisiert Auflösung, Desintegration, Verteilung und automatisch wiederholte Gewohnheiten.

Dane Rudhyar hat einen schönen Vergleich zwischen Mondknotenachse und Lebensmittelaufnahme und -verdauung gebracht. Danach symbolisiert der nördliche Mondknoten die Art der Nahrungsaufnahme. Wenn wir bedacht gesunde Lebensmittel anbauen und ernten, sie schonend zubereiten und bewußt essen = kauen, so haben wir unseren Anteil zur Bewältigung des «neuen Karmas» getan. Die Verdauung, die in diesem Bild vom südlichen Mondknoten symbolisiert wird, geht dann auf natürliche und «automatische» Weise ohne jede Störung vonstatten. Wir haben gesunde Nahrungsmittel gut durchspeichelt und vorverdaut aufgenommen, wir haben also gute Ursachen geschaffen, und nun können die Wirkungen ebenso gut sein – nämlich die Assimilation der Nahrungsbausteine, die Auswertung und Verdauung und schließlich die Ausscheidung. (Wir alle wissen, daß die meisten Menschen aber unter Störungen der Verdauung, Verstopfung, Durchfall, nervösem Magen, Belastungen durch Darmschlacken und so fort regelrecht leiden. Die «karmisch-schicksalhaften» und übrigens selbstverursachten Wirkungen einer falschen bzw. unbewußten Lebensweise machen sich leider an uns selbst bemerkbar.)

Also müssen wir uns um zweierlei Dinge gleichzeitig kümmern: um ein «Großreinemachen» schlechter Wirkungen unseres früheren Fehlverhaltens, also um ein «Auflösen des Karmas», sowie um eine neue und richtige Ausrichtung im Leben, um nicht weiter zusätzliche Karmalasten in uns anzuhäufen.

Im nächsten Abschnitt lesen Sie Deutungen zu den Mondknoten in den Tierkreiszeichen. Sie können anhand der Nachschlagetabelle im 7. Kapitel herausfinden, in welchem Zeichen Ihr persönlicher nördlicher Mondknoten bei Ihrer Geburt war und wo dieser Mondknoten in den letzten Jahren dieses Jahrtausends sein wird.

Die Mondknoten in den 12 Tierkreisabschnitten

☊ Aufsteigender Mondknoten im Widder ♈
☋ Absteigender Mondknoten in der Waage ♎

Widder-Motto: «Ich mache!» Antrieb durch den Willen, Dynamik, Durchsetzung, Tatkraft, Pioniergeist, Impulsivität, Ungeduld, Draufgängertum, Begeisterungsfähigkeit. Besondere Beziehung zum Mars und zum 1. Haus.

Waage-Motto: «Ich gleiche aus!» Lenkender Geist, Charme, Geselligkeit, Diplomatie, Harmoniestreben, Ausgewogenheit, Bequemlichkeit, Konfliktscheu, Verbindungsfähigkeit. Besondere Beziehung zur Venus und zum 7. Haus.

Eine wichtige Aufgabe in Ihrem Leben besteht darin, daß Sie sich selbst mehr zutrauen, daß Sie Ihre Standpunkte deutlicher vertreten und daß Sie Ihre Unabhängigkeit entwickeln. Sie können nur soviel geben, wie Sie selbst haben! Persönlichkeitskonflikte könnten allerdings daraus entstehen, daß dieser Prozeß der Selbstfindung und Selbstverwirklichung durch eine eingefleischte Tendenz gestört wird, von anderen zuviel zu erwarten, unberechtigte Ansprüche zu erheben und generell zu glauben, daß die Welt nur dazu geschaffen wäre, daß Sie selbst es gut haben.

Sie sollten also sowohl mit beiden Beinen auf dem Boden stehen, als auch Ihren Blick in die Höhen des Geistes erheben. Arbeiten Sie beharrlich, aber auch mit Rücksicht auf andere Menschen daran, Ihre eigene Identität zu finden, Ihren persönlichen Lebensweg zu gehen und ein harmonischer Teil Ihrer Gemeinschaft zu sein.

Transformation: Bei dieser Stellung der Mondknotenachse geht es um den karmischen Fluß vom Element Luft zum Element Feuer, es geht um eine Wandlung des Schicksals von intellektuellen, verstandesmäßigen Betrachtungen zur energischen, kraftvollen Tat.

☊ Aufsteigender Mondknoten im Stier
☋ Absteigender Mondknoten im Skorpion

Stier-Motto: «Ich habe!» Stoffliche Grundlagen, Sinnesfreude, Genuß, Realismus, Sicherheitsstreben, materielle Ausrichtung, Kraftreserven, Starrheit, Trägheit, Aufnahmefähigkeit. Besondere Beziehung zur Venus und zum 2. Haus.

Skorpion-Motto: «Ich engagiere mich!» Träger seelischer Spannungen, Leidenschaftlichkeit, Transformationsprozesse, Instinkt, (Selbst-)Kritik, Extremismus, Defensive, Widerstandsfähigkeit. Besondere Beziehung zum Pluto und zum Mars sowie zum 8. Haus.

Sie dürfen Ihre Findigkeit, Ihren Einfallsreichtum und Ihre praktischen Fähigkeiten ruhig noch mehr nutzen. Sie können gut mit materiellen Werten umgehen und ziehen Besitz an – sowie Menschen, die selbst nicht so sicher sind. Diesen sollten Sie helfen, eigene Stärken zu entwickeln, und sich davor hüten, daß sie von Ihnen abhängig werden. Manche Astrologen sprechen auch vom Mißbrauch sexueller Kräfte in früheren Leben oder Zeiten aufgrund der Stellung des absteigenden Mondknotens im Zeichen Skorpion. Hier könnte sich also noch eine weitere Achillesferse zeigen. In diesem Leben gilt es deshalb, Lust zu Liebe zu wandeln und Machtstreben zu Respekt vor dem freien Willen anderer. Auf jeden Fall sollten Sie darauf bedacht sein, nicht unnötig neue karmische «Schulden» anzuhäufen.

Transformation: Der Schicksalsfluß strömt bei dieser Mondknotenposition vom Element Wasser zum Element Erde. Karmische Energien können bzw. sollten also von starker Gefühlhaftigkeit zu konkreter und solider Lebensführung gewandelt werden.

☊ Aufsteigender Mondknoten in den Zwillingen ♊
☋ Absteigender Mondknoten im Schützen ♐

Zwillinge-Motto: «Ich kommuniziere!» Beweglicher Geist, Austausch, Beweglichkeit, Kontaktfreude, Neugier, Vielseitigkeit, Reizhunger, Oberflächlichkeit, Anpassungsvermögen. Besondere Beziehung zum Merkur und zum 3. Haus.

Schütze-Motto: «Ich suche!» Zielgerichteter Wille, Idealismus, geistige Ordnung, Freiheitsstreben, Expansion, Arroganz, missionarischer Dogmatimus, Zielstrebigkeit. Besondere Beziehung zum Jupiter und zum 9. Haus.

Das Leben fordert Sie heraus, sich intensiv auf den Austausch mit anderen Menschen und mit der Gesellschaft als Ganzem einzulassen. Sie können der Welt nicht einfach den Rücken kehren und im stillen Kämmerlein nur Ihren eigenen Überzeugungen und Meinungen nachhängen. Sie haben die große Chance, unterschiedliche Ideen und Standpunkte kennenzulernen und mit einer weltoffenen, optimistischen Lebenseinstellung Ihre Umwelt zu beleben. Dazu ist es jedoch notwendig, daß Sie sich von alten Vorurteilen trennen und daß Sie dem echten zwischenmenschlichen Austausch mehr Raum geben als Ihrem manchmal übertriebenen Individualismus oder einem Missionierungsdrang.

Transformation: Hier geht es um die Transformation von Feuerenergien zu Luftkräften. Die karmische Herausforderung besteht darin, bewußter nachzudenken und ruhiger zu urteilen, statt aktiv und oft vorschnell zu handeln.

☊ Aufsteigender Mondknoten im Krebs ♋
☋ Absteigender Mondknoten im Steinbock ♑

Krebs-Motto: «Ich fühle!» Das seelisch Schöpferische, Fürsorglichkeit, Anschmiegsamkeit, Phantasie, Schutzbedürfnis, Unselbständigkeit, Launenhaftigkeit, Einfühlungsvermögen. Besondere Beziehung zum Mond und zum 4. Haus.

Steinbock-Motto: «Ich leiste!» Das stofflich Bewegende, Pflichtgefühl, Ehrgeiz, Belastbarkeit, Ausdauer, Verantwortungsbewußtsein, Härte, Starrköpfigkeit. Besondere Beziehung zum Saturn und zum 10. Haus.

Ihre (Ihnen vielleicht noch gar nicht so bewußten) Ideale und Energien zielen auf eine harmonische häusliche bzw. familiäre Situation. Das kann zur entscheidenden soliden Grundlage werden, um echte Erfüllung im Leben zu finden. Oft sind bzw. werden Sie zur Schlüsselfigur in der Familie oder Ihrer engeren Lebensgemeinschaft. Sie sind sensibel und empfinden tiefes Mitgefühl für die Nöte und

Sorgen anderer Menschen. Möglicherweise spüren Sie aber, daß in Ihnen überlebte Verhaltensmuster wirken, die Sie anspornen, sich mehr öffentliche Anerkennung zu verschaffen und Machtpositionen zu erreichen. Dann sollten Sie prüfen, ob verletzte Eitelkeit eine Rolle spielt, ob es sich um unbewußte Projektionen handelt oder ob Sie wirklich ein harmonisches Privatleben zugunsten eines zeitweisen Erfolgs und Respekts in der Außenwelt aufgeben wollen.

Transformation: Bei dieser Stellung der Mondknotenachse beeinflussen alte Erdelement-Prägungen neue Aufgaben, die dem Element Wasser unterstehen. Materielle Überlegungen sollten einem feinen, sensiblen Mitgefühl untergeordnet bleiben.

☊ Aufsteigender Mondknoten im Löwen
☋ Absteigender Mondknoten im Wassermann

Löwe-Motto: «Ich will!» Konzentration des Willens, Lebensfreude, Selbstbewußtsein, Risikobereitschaft, Wärme, Kreativität, Eitelkeit, Selbstherrlichkeit, Beschützungsvermögen. Besondere Beziehung zur Sonne und zum 5. Haus.

Wassermann-Motto: «Ich finde!» Ordnung des Geistes, Ideenreichtum, Originalität, Reformbestrebungen, Provokationslust, Realitätsferne, Kühle, Individualismus. Besondere Beziehung zum Uranus und zum 11. Haus.

Sie besitzen Managerqualitäten und die Fähigkeit, andere zu führen. Dabei wollen und müssen Sie aber unabhängig sein. Sie sind warmherzig und verfügen über einen gesunden Stolz, der ein Zeichen dafür ist, daß Sie sich selbst mögen. Falls Sie beim Lesen dieser Zeilen das Gefühl haben, daß Sie das zwar alles ganz gern sein wollen, sich aber viel zu «klein» dafür vorkommen, dann sollten Sie den Mut fassen, genau diese latent in Ihnen angelegten Fähigkeiten bewußt zu kultivieren. Vielleicht fühlen Sie einen Widerstreit zwischen diesem «Auftrag des Lebens» und einer alten Gewohnheit, sich möglichst vom Leben zurückzuziehen, nicht «aufzufallen» und entweder verächtlich auf das Weltgetriebe herabzublicken oder es voller Abscheu abzulehnen. Auch eine solche scheinbar objektive Einstellung kann versteckte Ichsucht sein.

Transformation: Das Schicksal fordert bei dieser Mondknotenstellung, daß wir Luftkräfte zu Feuerkräften wandeln. Nicht der ungezwungene oder gar unverbindlich-oberflächliche Austausch von Ideen ist gefragt, sondern der eigene mutige und verantwortliche Einsatz in der Praxis.

☊ Aufsteigender Mondknoten in der Jungfrau ♍
☋ Absteigender Mondknoten in den Fischen ♓

Jungfrau-Motto: «Ich analysiere!» Stoffliche Grenzen, Konzentration auf Wesentliches, Nutzstreben, Arbeit, Vernunft, Gründlichkeit, Ordnungsliebe, Pedanterie, Kritik, Unterscheidungsvermögen. Besondere Beziehung zum Merkur und zum 9. Haus.

Fische-Motto: «Ich glaube!» Seelische Anteilnahme, Hilfsbereitschaft, Hingabe, Medialität, Mystik, Beeinflußbarkeit, Illusionen, Suchtgefährdung, Einfühlungsvermögen. Besondere Beziehung zum Neptun und zum 12. Haus.

Klarheit im Denken, Geradlinigkeit im Verhalten, Unterscheidungsfähigkeit im Urteil und Aufrichtigkeit im Seelischen sind die Stärken, die es bei dieser Mondknotenstellung zu entwickeln gilt. Flucht vor dem Leben oder ein Schwelgen in Sinneserfahrungen oder Übersinnlichem wird Sie nicht weiter voranbringen. Achten Sie darauf, sich nicht in idealistischen Schwärmereien zu verlieren und bei allem Glauben «an das Gute im Menschen» auch einen deutlichen Realitätsbezug zu entwickeln.

Transformation: Qualitäten des Wasserelements haben vergangene Leben und alte Persönlichkeitsprägungen bestimmt; in diesem Leben besteht eine wichtige Aufgabe darin, diese Energien in erdhafte Qualitäten zu transformieren. Nicht Glauben, Inspiration oder Gefühle sollten den Menschen leiten, sondern praktische Überlegungen, konkrete Anwendungen und sichere Formen und Strukturen.

☊ Aufsteigender Mondknoten in der Waage ♎
☋ Absteigender Mondknoten im Widder ♈

Waage-Motto: «Ich gleiche aus!» Lenkender Geist, Charme, Geselligkeit, Diplomatie, Harmoniestreben, Ausgewogenheit, Bequemlichkeit, Konfliktscheu, Verbindungsfähigkeit. Besondere Beziehung zur Venus und zum 7. Haus.

Widder-Motto: «Ich mache!» Antrieb durch den Willen, Dynamik, Durchsetzung, Tatkraft, Pioniergeist, Impulsivität, Ungeduld, Draufgängertum, Begeisterungsfähigkeit. Besondere Beziehung zum Mars und zum 1. Haus.

Gewinnen, ohne zu kämpfen, das Leben genießen, ohne sich anzustrengen, sind Vorzüge, an denen Sie sich erfreuen können. Sie verfügen sowohl über genügend Diplomatie und Geschmack als auch über eine besondere Anziehungskraft, daß Ihnen vieles zufällt. Die Aufgabe dieser Mondknotenstellung besteht darin, daß Sie nicht in Eigenliebe verharren, sondern sich zur Seelenebene aufschwingen und andere Menschen in der rechten Weise lieben – und ihnen dienen. Das könnte Ihnen schwerfallen, wenn karmische Prägungen noch stark wirksam sind aus einem früheren Leben, in dem Sie Ihren Launen spontan nachgaben, Ärger und Aggressionen unmittelbar auslebten und auch sonst ihre Interessen mit dem Kopf durch die Wand verfolgten.

Transformation: Alte Instinkte und Triebe, die auf der oft «blind» vorwärtsdrängenden Kraft des Feuerelements aufgebaut haben, müssen umgewandelt werden zu den immer noch lebendigen, aber bedachteren Ideen und Plänen des Luftelements.

☊ Aufsteigender Mondknoten im Skorpion
☋ Absteigender Mondknoten im Stier

Skorpion-Motto: «Ich engagiere mich!» Träger seelischer Spannungen, Leidenschaftlichkeit, Transformationsprozesse, Instinkt, (Selbst-)Kritik, Extremismus, Defensive, Widerstandsfähigkeit. Besondere Beziehung zum Pluto und zum Mars sowie zum 8. Haus.

Stier-Motto: «Ich habe!» Stoffliche Grundlagen, Sinnesfreude, Genuß, Realismus, Sicherheitsstreben, materielle

Ausrichtung, Kraftreserven, Starrheit, Trägheit, Aufnahmefähigkeit. Besondere Beziehung zur Venus und zum 2. Haus.

Sie suchen wahre Werte und sind dafür bereit, extreme Lebenssituationen heraufzubeschwören und dann auch zu bestehen oder wenigstens zu durchleben. Ihre Aufgabe ist, eine geistige Wandlung und eine umfassende spirituelle Regeneration anzustreben und dabei andere Menschen nicht mit Ihrer Energie zu überfahren. Vielleicht zögern Sie noch, diesem inneren Auftrag zu folgen, weil Sie materielle Ziele und Bequemlichkeiten nicht leichtfertig aufs Spiel setzen mögen. Sie sollten sich auch vor einer Neigung zur allzu gewaltsamen Durchsetzung Ihrer Pläne schützen.

Transformation: Man ist versucht, in traditionellen und bewährten Formen und Verhaltensweisen, die zum astrologischen Element Erde gehören, steckenzubleiben. Die Aufgabe in diesem Leben besteht aber darin, sich auf die fließenden und eben nicht so bekannten Kräfte des Unbewußten und Unterbewußten einzulassen und ihnen im Leben Raum zur Entfaltung zu geben.

☊ Aufsteigender Mondknoten im Schützen ♐
☋ Absteigender Mondknoten in den Zwillingen ♊

Schütze-Motto: «Ich suche!» Zielgerichteter Wille, Idealismus, geistige Ordnung, Freiheitsstreben, Expansion, Arroganz, missionarischer Dogmatimus, Zielstrebigkeit. Besondere Beziehung zum Jupiter und zum 9. Haus.

Zwillinge-Motto: «Ich kommuniziere!» Beweglicher Geist, Austausch, Beweglichkeit, Kontaktfreude, Neugier, Vielseitigkeit, Reizhunger, Oberflächlichkeit, Anpassungsvermögen. Besondere Beziehung zum Merkur und zum 3. Haus.

Sie gewinnen im Leben, wenn Sie Ihren Blick auf weitere Horizonte richten, wenn Sie sich mit fernen Ländern, fremden Welten, neuen Erkenntnissen und der «inneren Astrologie» der Seele befassen. Sie können zum Pionier auf einem dieser Gebiete werden. Im Umgang mit der Umwelt tendieren Sie dazu, sich so unverblümt auszudrücken, daß andere Menschen sich dadurch vielleicht verletzt fühlen. Sie sollten auch Neigungen zur Oberflächlichkeit genau überprüfen und sich selbst mehr Stabilität gönnen. Das schränkt Ihren Freiheitsdrang keineswegs ein!

Transformation: Bei dieser Mondknotenstellung wird der Mensch aufgefordert, aus Luft Feuer zu «machen». Es geht also um die Transformation von Gedanken, Ideen, Plänen und Intuitionen zur energischen und dynamischen Aktion; es geht um den tatsächlichen Einsatz der eigenen Person mit ihren Kräften für eine als sinnvoll erkannte Sache.

☊ Aufsteigender Mondknoten im Steinbock
☋ Absteigender Mondknoten im Krebs

Steinbock-Motto: «Ich leiste!» Das stofflich Bewegende, Pflichtgefühl, Ehrgeiz, Belastbarkeit, Ausdauer, Starrköpfigkeit, Härte, Verantwortungsbewußtsein. Besondere Beziehung zum Saturn und zum 10. Haus.

Krebs-Motto: «Ich fühle!» Das seelisch Schöpferische, Fürsorglichkeit, Anschmiegsamkeit, Phantasie, Schutzbedürfnis, Unselbständigkeit, Launenhaftigkeit, Einfühlungsvermögen. Besondere Beziehung zum Mond und zum 4. Haus.

Ihr Beruf und eine möglichst sichtbare Arbeit in der Öffentlichkeit werden sich für Sie als ein wahres Lebenselixier erweisen. Wenn Sie mit Bedacht an Ihren beruflichen Idealen arbeiten, werden Sie nicht nur für sich Erfolge verbuchen, sondern sowohl anderen helfen als auch ein stabiles Fundament für ihr Privatleben aufbauen können. Vermutlich spüren Sie – vor allem in der ersten

Hälfte des Lebens – immer wieder eine Neigung, vor einem öffentlichen Engagement zurückzuweichen und häuslichen Dingen oder dem Aufbau eines eigenen Heims den Vorzug zu geben. Dort finden Sie sich seelisch mehr zu Hause. Sie sollten jedoch erkennen, daß auch ein bewußtes Einbringen in die Außenwelt Energien freisetzen kann, die Sie dann sehr sinnvoll zur Entfaltung des Innenlebens nutzen können. Sonst laufen Sie womöglich Gefahr, daß die heimischen Interessen mangels Masse nicht verwirklicht werden und Sie das Leben laufend durch eine allzu rosige Brille sehen.

Transformation: Was sich im Wasserzeichen erst noch als Ahnung, Sehnsucht oder Wunsch aus dem Unbewußten oder Unterbewußten äußert, muß in diesem Leben nun in eine feste und sichere «erdhafte» Form oder Struktur gebracht werden.

☊ Aufsteigender Mondknoten im Wassermann
☋ Absteigender Mondknoten im Löwen

Wassermann-Motto: «Ich finde!» Ordnung des Geistes, Ideenreichtum, Originalität, Reformbestrebungen, Provokationslust, Realitätsferne, Kühle, Individualismus. Besondere Beziehung zum Uranus und zum 11. Haus.

Löwe-Motto: «Ich will!» Konzentration des Willens, Lebensfreude, Selbstbewußtsein, Risikobereitschaft, Wärme, Kreativität, Eitelkeit, Selbstherrlichkeit, Beschützungsvermögen. Besondere Beziehung zur Sonne und zum 5. Haus.

Bei dieser Stellung der Mondknotenachse kommt es darauf an, daß Sie Ihre Aufgaben für und in der Gesellschaft erkennen und annehmen. Ihre spirituelle Entwicklung wird wesentlich gefördert durch Dienste in Ihrer sozialen Gemeinschaft. Nicht Ihr persönliches Glanz und Gloria zählt – das war einmal so in einem früheren Leben –, sondern das, was Sie zum Nutzen anderer Menschen erforschen, verbreiten, aufbauen und bewirken können.

Transformation: Die Versuchung ist groß, in den vertrauten Verhaltensmustern des Feuerelements zu bleiben, sich also spontanen und sehr individuellen Triebkräften zu überlassen. Die karmische Herausforderung dieser Mondknotenposition besteht aber darin, daß Analyse, Unterscheidungskraft und echter zwei- oder mehrseitiger Austausch als Kräfte des Elements Luft entwickelt werden.

☊ Aufsteigender Mondknoten in den Fischen ♓
☋ Absteigender Mondknoten in der Jungfrau ♍

Fische-Motto: «Ich glaube!» Seelische Anteilnahme, Hilfsbereitschaft, Hingabe, Medialität, Mystik, Beeinflußbarkeit, Illusionen, Suchtgefährdung, Einfühlungsvermögen. Besondere Beziehung zum Neptun und zum 12. Haus.

Jungfrau-Motto: «Ich analysiere!» Stoffliche Grenzen, Konzentration auf Wesentliches, Nutzstreben, Arbeit, Vernunft, Gründlichkeit, Ordnungsliebe, Pedanterie, Kritik, Unterscheidungsvermögen. Besondere Beziehung zum Merkur und zum 9. Haus.

Mitgefühl für das Los vieler Menschen, die Erkenntnis, wie viele und welche Verhaltensmuster und Weltanschauungen zu starr und nicht mehr funktionsfähig sind, sowie Ahnungen und Inspirationen über Lebenssinn und Seelenwege gehören zum Potential Ihrer Gaben. Haben Sie diese Gaben schon entdeckt und entfaltet? Wahrscheinlich ringen Sie damit, ein lang verwurzeltes Bedürfnis nach klaren Ordnungen und Methoden sowie Ihre gewohnheitsmäßige Kritikfähigkeit mit den neu auf Sie hereinströmenden Kräften der Intuition und Transzendenz in Einklang zu bringen.

Transformation: Abwägende Skepsis und planvolles Sicherheitsstreben halten uns in alten karmischen Einflüssen des Elements Erde gefangen. Statt dessen sollten wir uns auf die weniger greifbaren Bewußtseinsenergien des Elements Wasser einlassen und diese in unserem Leben zur Geltung bringen: Sensibilität, Empfindsamkeit, Idealismus, Öffnung zum Unbewußten, Öffnung für höhere Inspirationen.

5. Wann ist der beste Zeitpunkt für…?

Neue Pläne und neue Tätigkeiten

Ich empfehle Ihnen dreierlei:

1. Wenn Sie sich nach dem Mondkalender richten, so sollten Sie während und kurz nach den Neumondtagen Ihre Pläne fassen.

   Wichtige neue Tätigkeiten sollten Sie kurz nach dem Neumond oder spätestens beim zunehmenden Halbmond beginnen.

   Vermeiden Sie auf jeden Fall, bei oder nach Vollmond in dieser Hinsicht aktiv zu werden. (Der Mondkalender weiter hinten zeigt Ihnen alle Voll- und Neumonddaten an.)

2. Ich würde neue Projekte nicht unbedingt anfangen, wenn der Merkur gerade «rückläufig» ist (das läßt sich in einem guten astrologischen Kalender nachsehen).

3. Andererseits würde ich mich weder vom Mond noch vom Merkur «verrückt machen lassen», wenn es sich um eine Angelegenheit handelt, die das Leben nun einmal gerade zu diesem Zeitpunkt präsentiert und die

sich nicht aufschieben läßt. In diesem Fall rate ich, mit Gottvertrauen, Gebet und klarem Geiste das zu unternehmen, was Sie als richtig zu tun erkannt haben! (Der weise Yogananda, Verfasser des Buchs «Autobiographie eines Yogi», schrieb, daß er die Wirksamkeit der Sterne überprüft und dabei festgestellt habe, daß ein Mensch, der im höheren Bewußtsein in sich selbst ruht, astrologische Faktoren zwar spürt, aber davon nicht aus der Bahn geworfen wird.)

Abschluß alter Vorhaben, Veränderung von Gewohnheiten

Dazu eignen sich die Mondphasen ab dem Vollmond am besten, und zwar vom Vollmondtag an bis etwa fünf oder vier Tage vor dem Neumond.

Umzug

Den Entschluß zu einem Umzug sollte man sich in der Zeit um den Neumond reiflich überlegen, wenn ein Neubeginn im psychologischen Vordergrund steht, oder ihn zum Zeitpunkt des Vollmonds fassen, wenn der Umzug psychologisch gesehen eher ein längst fälliger Abschluß und Abschied ist. Der physische Umzug ist am günstigsten beim zunehmenden Mond.

Reisen, Behördengänge

Vollmond- und Neumondtage (inkl. ein Tag vorher und nachher) bringen oft Aufregung bei Reisen und Behördengängen mit sich, weil fast alle Menschen sensibler bzw. gereizter sind.

Eine Reise läßt sich gut bei zunehmendem Mond beginnen, die Rückreise erfolgt oft am besten bei abnehmendem Mond. Wenn es jedoch um eine Reise mit einem neuen geistigen Ziel geht (sowohl außen wie innen), so ist auch der Neumondtermin sinnvoll – wenn Sie mit der vielleicht intensiveren Energie zu diesem Zeitpunkt umzugehen wissen.

Neue Pläne lassen sich bei Behörden am besten bei gerade beginnendem zunehmendem Mond vorschlagen, lange schon wartende Bescheide werden häufig am besten bei deutlich abnehmendem Mond endgültig erledigt.

Bei rückläufigem Merkur müssen Sie sowohl bei Reisen wie bei Behördengängen leider mit Mißverständnissen, Verzögerungen und dergleichen rechnen – und sich dementsprechend geistig mit Ruhe und Gelassenheit, vielleicht sogar mit Verständnis und Humor wappnen.

Operationen

Generell sind Vollmond- und Neumondzeiten für operative Eingriffe nicht sehr zu empfehlen. Der Autor hat selbst zweimal damit schlechte Erfahrungen gemacht, bei einer Mandeloperation und bei einer Zahnextraktion. Im ersten Fall kam es zu unangenehmen und schwierig zu stillenden Nachblutungen, im zweiten Fall zu einer Überreaktion auf das Narkosemittel mit anschließendem Kreislaufkollaps. Bei der Mandeloperation wußte er noch nichts von diesen Zusammenhängen, beim Ziehen des Weisheitszahns kam aus Zeitgründen nur der ungünstige Termin in Frage. Aus den USA gibt es ausführliche und genau belegte Studien darüber, wie sehr es gerade bei Vollmond und Neumond zu medizinischen Komplikationen kommt. Da der Mond mit dem Flüssigkeitshaushalt und der Psyche zu tun hat, ist es nicht weiter verwunderlich, daß dabei vor allem Blutungen und nervliche Überlastungen verzeichnet wurden, die aus dem Rahmen fielen. Natürlich haben der behandelnde Arzt, aber auch vor allem Sie selbst das letzte Wort!

Fastenkuren

Nach einem Neumond kann die vorsichtige Ernährungsumstellung zur Einleitung der eigentlichen Fastenkur erfolgen, nach dem Vollmond läßt sich gut die nachhaltige Ausschwemmphase einleiten, nach dem Neumond kommt dann wieder die Aufbauphase. Auch hier geht es nur um eine allgemeine Richtlinie. Ihren persönlichen Fastenplan besprechen Sie bitte mit einem fachkundigen Therapeuten!

Haare

Die Haare sollten Sie sich am besten an solchen Tagen schneiden lassen, wenn der Mond im Tierkreiszeichen Löwe steht, und das wiederum am besten bei zunehmendem Mond oder sogar Vollmond. Dann – so eine alte Erfahrung aus der Volksheilkunde – wachsen die Haare dichter und üppiger nach, sind weniger schuppig oder fettig und fallen weniger aus.

Dauerwellen sollen besonders schön werden, wenn man sich die Haare an Tagen legen läßt, an denen der Mond im Zeichen Jungfrau steht.

Tage, wenn der Mond in den Zeichen Krebs oder Fische steht, sollen für die Haarpflege wenig günstig sein.

Für Haut- und Nagelpflege gelten übrigens Tage als vorteilhafter, wenn der Mond im Zeichen Steinbock steht.

Mondregeln aus den Südstaaten der USA

- Fingernägel bei Mondlicht schneiden bringt Glück.
- Die Fingernägel zu schneiden, wenn der Mond nicht scheint (also von Wolken verdunkelt wird), bringt Unglück.
- Wenn Sie Ihre Haare schneiden, wenn der Mond nicht scheint, bekommen Sie früher oder später eine Glatze.
- Wenn Sie Ihre Haare bei Mondlicht schneiden, wachsen sie schneller und besser.
- Falls Sie Ihre Haare bei Neumond schneiden, werden Sie beim ersten Neumond des nächsten Jahres doppelt soviele Haare haben!
- Wenn Sie Äpfel im Mondschein auflesen bzw. ernten, verderben sie nicht.
- Wenn Sie Kohl an einem Freitag bei Neumond pflanzen, übersteht er einen Frost.
- Mondlicht macht Rasiermesser (und Schneiden?) stumpf.
- Bäume sollte man bei Neumond fällen.

- Wenn Sie die Spiegelung des Mondes in einem Brunnen oder einer Quelle betrachten, werden Sie Glück haben.
- Ein roter Mond gilt als Vorbote von Krieg.
- Wenn Sie einen «Mann im Mond» sehen, kommt Unglück.
- Wenn Sie jedoch eine «Frau im Mond» sehen, bringt das Glück.
- Unglück bringt es allerdings mit sich, wenn Sie eine Frau sehen, die sich im Licht des Vollmondes ihre Haare kämmt.
- Ebenfalls soll es Unglück bringen, wenn Sie den Neumond über Ihre linke Schulter sehen.
- Glück bringt dagegen, den Neumond über die rechte Schulter zu erblicken.
- Ein Tip für Frauen mit dem Wunsch nach einem neuen Kleid lautet: Wenn Sie den Neumond klar sehen, ohne daß Bäume oder Büsche davor sind, küssen Sie den ersten Menschen, den Sie sehen: Dann werden Sie ein neues Kleid bekommen.
- Wenn Sie sich mehr Geld wünschen, soll es angeblich helfen, daß Sie Ihr Portemonnaie dem Neumond entgegenstrecken und es ihm zeigen: Das bringt Ihnen das Doppelte ein von dem, was sich jetzt darin befindet.
- Wenn Sie den Neumond beim nächtlichen Spaziergang sehen, sollten Sie innehalten, etwas Erde unter Ihrem

linken Absatz hervorklauben, sie in ein Tuch einwickeln und unter Ihr Kopfkissen legen. Dann wird Ihr nächster Traum angeblich wahr!

«Stimmen» all diese Regeln? Probieren Sie es aus – und träumen Sie etwas wirklich Schönes!

6. Innere Astrologie

Meditationsreisen durch den geistigen Kosmos – Vom spirituellen Mond und dem inneren Kosmos der Seele

«Je mehr ein Mensch mit sich und in sich eins ist und Herzenseinfalt besitzt, desto größere und höhere Dinge lernt er ohne Mühe verstehen; denn er empfängt das Licht von oben herab. Und ein lichterfülltes Herz dringt durch Himmel und Hölle.» Das erkannte und schrieb Thomas von Kempen, ein christlicher Mystiker des Mittelalters.

Licht hat von Anbeginn der Zeiten real und symbolisch die größte Rolle für die Entwicklung der Menschheit und die Entfaltung des Bewußtseins gespielt. Im wunderbaren Buch «In dir ist das Licht» (Drei Eichen Verlag, München) stellt der verstorbene Autor K.O. Schmidt eine Fülle von Berichten bedeutender Frauen und Männer aus allen Kulturen und Epochen vor, die sich der Mystik zugewandt hatten. Dieses Buch kann ich aufgeschlossenen und an geistigen Fragen interessierten Leser wärmstens empfehlen.

In der Mystik geht es um die eigene Erfahrung jener Wahrheiten, die in den meisten Hochreligionen beschrieben werden. Offenbarungen innerer Welten und das Erkennen von Zusamenhängen zwischen Schöpferkraft, Kosmos und Mensch sind keineswegs nur einigen wenigen vorbehalten, sondern sie sind das Geburtsrecht jedes Menschen.

So, wie die äußere Sonne und der äußere Mond über allen Menschen scheinen, so strahlen auch die inneren Sterne für jeden, der sich nach innen wendet und dabei eine rechte Führung erhält.

1990 habe ich ein Fernsehgespräch geführt mit einem zeitgenössischen Mystiker, Rajinder Singh, der beruflich lange Zeit als Computerwissenschaftler tätig war, aus dem ich nachstehend einige Aussagen zu unserem Thema zitiere:

«Jede innere Ebene ist mit einem bestimmten Licht und einem bestimmten Klang verbunden. Das schöpferische Urlicht und der Urklang Gottes und der innere Strom von Licht und Ton, die wir in der Meditation wahrnehmen, sind dasselbe. Die göttliche Schwingung oder Urkraft, die von Gott ausströmt und herab auf die physische Ebene kommt, bleibt dieselbe, während sie alle Ebenen passiert. Die ‹Dichte› dieser Ebenen ist unterschiedlich.

Sach Khand, die fünfte und oberste Ebene, ist die Ebene der Allbewußtheit. Die suprakausale Ebene, die vierte, besteht hauptsächlich aus Bewußtsein und nur aus wenig Materie. Die nächste, die Kausalebene, hat gleichviel Bewußtsein wie Materie. Die zweite Ebene, die Astralebene, besteht hauptsächlich aus Materie und hat wenig

Bewußtsein. Und die erste, die physische Ebene, ist fast nur aus Materie und hat nur sehr wenig Bewußtsein in Form der menschlichen Seele.

Da die Zusammensetzung von unterschiedlicher Dichte ist, erscheint uns der Licht- und Tonstrom der Schöpferkraft unterschiedlich, wenn er durch diese Ebenen hindurchfließt.

Auf der Astralebene sehen wir in der Meditation das Licht von Kerzen. Auf der Kausalebene sehen wir das Licht einer rot aufgehenden Sonne, die sogenannte ‹rote Sonne von Trikuti›. Auf der Suprakausalebene sehen wir ein Licht, das von einem Mond zu kommen scheint. Danach sehen wir das Licht einer Mittagssonne. Und in Sach Khand, einer Ebene voller Licht, sehen wir Licht wie von Hundertausenden von Sonnen und Monden. Ähnlich unterschiedlich ist auch der Klang, den wir auf den einzelnen Ebenen hören…»

Der Mond ist demnach nicht nur ein physikalischer Himmelskörper, sondern auch eine spirituelle Realität, zumindest auf den inneren astralen und kausalen Ebenen zwischen der irdischen Hülle und der rein geistigen Seele. Damit können wir im äußeren Mond ein Symbol sehen, das uns daran erinnert, den inneren Mond zu suchen.

Vom Propheten Mohammed heißt es, daß er auf seinem spirituellen Weg den Mond durchquert habe, um zur Wahrheit vorzudringen. Der islamische Fastenmonat Ramadan wird vom Mondkalender bestimmt. Und sicher kennen Sie die Symbole auf vielen Flaggen islamischer Staaten: Halbmond und Stern! Diese wurden ursprünglich gewählt, weil sie an den inneren Weg der Seele zurück in ihre wahre Heimat erinnern.

Daß unser Erdenmond kein eigenes Licht besitzt, sondern das der Sonne widerspiegelt, wurde lange Zeit von vielen Völkern nicht erkannt. Ähnliches gilt für den geistigen Mond: Wenn wir den inneren Kosmos in der Meditation sehen werden, so ist dieser noch keine «Endstation», sondern eine Etappe auf dem Weg zum Wesentlichen, zum Urlicht, und eine Ermunterung, fortzuschreiten. Auf dem Weg nach innen brauchen wir einen «Reiseführer» – das Buch eines ungewöhnlich liebevollen und kompetenten «Reiseführers» möchte ich Ihnen besonders ans Herz legen: «Heilende Meditation» von Rajinder Singh.

Volkskunde, altes Wissen und astrologische Weisheit rund um den Mond können eine wunderbare und beglückende Lebenshilfe auf unserem Weg zu Heilung und Bewußtwerdung darstellen. Der Mond hat auf diesem Weg der Erkenntnis eine wichtige Symbolfunktion – er ist aber nicht das Alpha und Omega unseres Seelenwegs. Sonne und Mond beleuchten unsere irdischen Pfade – das Licht Gottes indes erleuchtet unsere Seele ohne Anfang und Ende.

Von ganzem Herzen wünsche ich Ihnen, daß Sie einen Zugang zu den Himmelslichtern dieser Welt und ihren subtilen Wirkungen und symbolischen Aussagen erlangen. Noch mehr hoffe ich, daß Sie eine eigene Verbindung zum ewig strahlenden, heilenden, klärenden und lebensspendenden Licht der Schöpferkraft gewinnen, die uns durch die Dimensionen der «Inneren Astrologie» zur Quelle und zum Ziel des Seins trägt.

7. Nachschlagetabellen

Mondkalender 1997-2000

Neumond heißt, daß Mond und Sonne an derselben Stelle im Tierkreis stehen; Vollmond bedeutet, daß die Sonne genau 180° gegenüber steht. Zwei Beispiele:

Am 9.1.1997 waren Mond und Sonne beide bei 19° Steinbock, sie standen in einer «Konjunktion» dicht beieinander.

Am 23.1. war der Mond recht schnell weiter gewandert auf 4° Löwe, während die Sonne in diesen 14 Tagen auf 4° Wassermann vorgerückt war, sich also in «Opposition» zum Mond befand.

Neumond ist immer eine Konjunktion, Vollmond eine Opposition zwischen Sonne und Mond.

(SF = Sonnenfinsternis / MF = Mondfinsternis)

I/97

●	Neumond	9. 1.	19 Grad Steinbock
○	Vollmond	23. 1.	4 Grad Löwe
●	Neumond	7. 2.	19 Grad Wassermann
○	Vollmond	22. 2.	4 Grad Jungfrau
●	Neumond	9. 3.	19 Grad Fische (SF)
○	Vollmond	24. 3.	4 Grad Waage (MF)

II/97

●	Neumond	7. 4.	18 Grad Widder
○	Vollmond	22. 4.	3 Grad Skorpion
●	Neumond	6. 5.	17 Grad Stier
○	Vollmond	22. 5.	2 Grad Schütze
●	Neumond	5. 6.	15 Grad Zwillinge
○	Vollmond	20. 6.	6 Grad Schütze

III/97

●	Neumond	4. 7.	13 Grad Krebs
○	Vollmond	20. 7.	28 Grad Steinbock
●	Neumond	3. 8.	12 Grad Löwe
○	Vollmond	18. 8.	26 Grad Wassermann
●	Neumond	1. 9.	10 Grad Jungfrau (SF)
○	Vollmond	16. 9.	24 Grad Fische (MF)

IV/97

●	Neumond	1.10.	9 Grad Waage
○	Vollmond	16.10.	23 Grad Widder
●	Neumond	31.10.	9 Grad Skorpion
○	Vollmond	14.11.	23 Grad Stier
●	Neumond	30.11.	8 Grad Schütze
○	Vollmond	14.12.	23 Grad Zwillinge
●	Neumond	29.12.	9 Grad Steinbock

I/98

○	Vollmond	12. 1.	23 Grad Krebs
●	Neumond	28. 1.	9 Grad Wassermann
○	Vollmond	11. 2.	23 Grad Löwe
●	Neumond	26. 2.	8 Grad Fische (SF)
○	Vollmond	13. 3.	23 Grad Jungfrau (MF)
●	Neumond	28. 3.	8 Grad Widder

II/98

○	Vollmond	11. 4.	22 Grad Waage
●	Neumond	26. 4.	7 Grad Stier
○	Vollmond	11. 5.	21 Grad Skorpion
●	Neumond	25. 5.	5 Grad Zwillinge
○	Vollmond	10. 6.	20 Grad Schütze
●	Neumond	24. 6.	3 Grad Krebs

III/98

○	Vollmond	9. 7.	18 Grad Steinbock
●	Neumond	23. 7.	1 Grad Löwe
○	Vollmond	8. 8.	16 Grad Wassermann (MF)
●	Neumond	22. 8.	29 Grad Löwe (SF)
○	Vollmond	6. 9.	14 Grad Fische (MF)
●	Neumond	20. 9.	28 Grad Jungfrau

IV/98

○	Vollmond	5.10.	13 Grad Widder
●	Neumond	20.10.	27 Grad Waage
○	Vollmond	4.11.	12 Grad Stier
●	Neumond	19.11.	27 Grad Skorpion
○	Vollmond	3.12.	12 Grad Zwillinge
●	Neumond	18.12.	27 Grad Schütze

I/99

○	Vollmond	2. 1.	12 Grad Krebs
●	Neumond	17. 1.	28 Grad Steinbock
○	Vollmond	31. 1.	12 Grad Löwe (MF)
●	Neumond	16. 2.	28 Grad Wassermann (SF)
○	Vollmond	2. 3.	12 Grad Jungfrau
●	Neumond	17. 3.	27 Grad Fische
○	Vollmond	31. 3.	11 Grad Waage

II/99

●	Neumond	16. 4.	26 Grad Widder
○	Vollmond	30. 4.	10 Grad Skorpion
●	Neumond	15. 5.	25 Grad Stier
○	Vollmond	30. 5.	9 Grad Schütze
●	Neumond	13. 6.	23 Grad Zwillinge
○	Vollmond	28. 6.	7 Grad Steinbock

III/99

●	Neumond	13. 7.	21 Grad Krebs
○	Vollmond	28. 7.	5 Grad Wassermann (MF)
●	Neumond	11. 8.	19 Grad Löwe (SF)
○	Vollmond	26. 8.	4 Grad Fische
●	Neumond	9. 9.	17 Grad Jungfrau
○	Vollmond	25. 9.	2 Grad Widder

IV/99

●	Neumond	9.10.	16 Grad Waage
○	Vollmond	24.10.	1 Grad Stier
●	Neumond	8.11.	16 Grad Skorpion
○	Vollmond	23.11.	1 Grad Zwillinge
●	Neumond	7.12.	16 Grad Schütze
○	Vollmond	22.12.	1 Grad Krebs

I/2000

●	Neumond	6. 1.	16 Grad Steinbock
○	Vollmond	21. 1.	1 Grad Löwe (MF)
●	Neumond	5. 2.	17 Grad Wassermann (SF)
○	Vollmond	19. 2.	1 Grad Jungfrau
●	Neumond	6. 3.	17 Grad Fische
○	Vollmond	20. 3.	30 Grad Jungfrau

II/2000

●	Neumond	4. 4.	16 Grad Widder
○	Vollmond	18. 4.	29 Grad Waage
●	Neumond	4. 5.	14 Grad Stier
○	Vollmond	18. 5.	28 Grad Skorpion
●	Neumond	2. 6.	13 Grad Zwillinge
○	Vollmond	16. 6.	27 Grad Schütze

III/2000

●	Neumond	1. 7.	11 Grad Krebs (SF)
○	Vollmond	16. 7.	25 Grad Steinbock (MF)
●	Neumond	31. 7.	9 Grad Löwe (SF)
○	Vollmond	15. 8.	23 Grad Wassermann
●	Neumond	29. 8.	7 Grad Jungfrau
○	Vollmond	13. 9.	22 Grad Fische
●	Neumond	27. 9.	6 Grad Waage

IV/2000

○	Vollmond	13.10.	21 Grad Widder
●	Neumond	27.10.	5 Grad Skorpion
○	Vollmond	11.11.	20 Grad Stier
●	Neumond	25.11.	4 Grad Schütze
○	Vollmond	11.12.	20 Grad Zwillinge
●	Neumond	25.12.	5 Grad Steinbock

Mondknotentabelle 1900-2000

In der nachstehenden Tabelle können Sie den Stand des «nördlichen Mondknotens» oder «aufsteigenden Mondknotens» nachsehen. Der «südliche» oder «absteigende» liegt im Horoskopkreis genau 180° gegenüber.

Zur Erinnerung eine Übersicht, welche Zeichen sich gegenüber liegen:

Widder und Waage
Stier und Skorpion
Zwillinge und Schütze
Krebs und Steinbock
Löwe und Wassermann
Jungfrau und Fische

Zwei Beispiele: Ihr nördlicher Mondknoten ist bei rund 12 Grad Krebs, dann ist Ihr südlicher im Zeichen gegenüber, im Steinbock, ebenfalls bei 12 Grad. Oder Ihr nördlicher Mondknoten ist bei 5 Grad Fische, dann ist Ihr südlicher im Zeichen Jungfrau, wiederum bei 5 Grad.

Denken Sie bitte daran, daß die Mondknotenachse «rückwärts» läuft, gegen die übliche Abfolge der Tierkreiszeichen.

Wenn Sie Ihre Mondknoten genauer bestimmen wollen und kein ausgerechnetes Horoskop zur Hand haben, so hilft Ihnen folgende kleine Formel: In einem Monat wandern die Mondknoten etwa 1,5 Grad zurück. Sie finden unten die Angabe für den 15.1.1903 mit 20 Grad Waage. Falls Ihre Mutter nun aber am 30.4.1903 geboren ist, so rechnen Sie vom Januar bis zum April drei Monate zusätzlich mit je 1,5 Grad = 4,5 Grad sowie 10 Tage bis zum 30. April = ca. 0,5 Grad; zusammen 5 Grad. Der nördliche Mondknoten stand am 30.4.1903 laut Tabelle bei etwa 20 Grad Waage minus 5 Grad = 15 Grad Waage als Mondknotenposition für Ihre Mutter.

Datum und Mondknotenposition im Tierkreiszeichen:

☊	01.01.1900	20 Grad Schütze
☊	24.07.1900	10 Grad Schütze
☊	21.01.1901	30 Grad Skorpion
☊	20.07.1901	20 Grad Skorpion
☊	21.01.1902	10 Grad Skorpion
☊	21.07.1902	30 Grad Waage
☊	15.01.1903	20 Grad Waage
☊	15.07.1903	10 Grad Waage
☊	15.01.1904	30 Grad Jungfrau
☊	15.07.1904	20 Grad Jungfrau
☊	19.01.1905	10 Grad Jungfrau

☊	18.09.1905	30 Grad Löwe
☊	27.03.1906	20 Grad Löwe
☊	03.10.1906	10 Grad Löwe
☊	30.03.1907	30 Grad Krebs
☊	04.10.1907	20 Grad Krebs
☊	29.03.1908	10 Grad Krebs
☊	28.09.1908	30 Grad Zwillinge
☊	22.03.1909	20 Grad Zwillinge
☊	26.09.1909	10 Grad Zwillinge
☊	23.03.1910	30 Grad Stier
☊	01.10.1910	20 Grad Stier
☊	15.05.1991	10 Grad Stier
☊	08.12.1911	30 Grad Widder
☊	04.06.1912	20 Grad Widder
☊	09.12.1912	10 Grad Widder
☊	06.06.1913	30 Grad Fische
☊	10.12.1913	20 Grad Fische
☊	06.06.1914	10 Grad Fische
☊	03.12.1914	30 Grad Wassermann
☊	31.05.1915	20 Grad Wassermann
☊	03.12.1915	10 Grad Wassermann
☊	31.05.1916	30 Grad Steinbock
☊	21.12.1916	20 Grad Steinbock
☊	18.08.1917	10 Grad Steinbock
☊	13.02.1918	30 Grad Schütze

☊	20.08.1918	20 Grad Schütze
☊	14.02.1919	10 Grad Schütze
☊	15.08.1919	30 Grad Skorpion
☊	14.02.1920	20 Grad Skorpion
☊	14.08.1920	10 Grad Skorpion
☊	07.02.1921	30 Grad Waage
☊	14.08.1921	20 Grad Waage
☊	09.02.1922	10 Grad Waage
☊	22.08.1922	30 Grad Jungfrau
☊	18.04.1923	20 Grad Jungfrau
☊	27.10.1923	10 Grad Jungfrau
☊	22.04.1924	30 Grad Löwe
☊	27.10.1924	20 Grad Löwe
☊	22.04.1925	10 Grad Löwe
☊	26.10.1925	30 Grad Krebs
☊	23.04.1926	20 Grad Krebs
☊	21.10.1926	10 Grad Krebs
☊	16.04.1927	30 Grad Zwillinge
☊	23.10.1927	20 Grad Zwillinge
☊	28.04.1928	10 Grad Zwillinge
☊	28.12.1928	30 Grad Stier
☊	06.07.1929	20 Grad Stier
☊	02.01.1930	10 Grad Stier
☊	07.07.1930	30 Grad Widder

☊	03.01.1931	20 Grad Widder
☊	30.06.1931	10 Grad Widder
☊	28.12.1931	30 Grad Fische
☊	01.07.1932	20 Grad Fische
☊	27.12.1932	10 Grad Fische
☊	24.06.1933	30 Grad Wassermann
☊	30.12.1933	20 Grad Wassermann
☊	29.08.1934	10 Grad Wassermann
☊	08.03.1935	30 Grad Steinbock
☊	14.09.1935	20 Grad Steinbock
☊	10.03.1936	10 Grad Steinbock
☊	14.09.1936	30 Grad Schütze
☊	09.03.1937	20 Grad Schütze
☊	07.09.1937	10 Grad Schütze
☊	03.03.1938	30 Grad Skorpion
☊	08.09.1938	20 Grad Skorpion
☊	04.03.1939	10 Grad Skorpion
☊	11.09.1939	30 Grad Waage
☊	11.04.1940	20 Grad Waage
☊	18.11.1940	10 Grad Waage
☊	24.05.1941	30 Grad Jungfrau
☊	21.11.1941	20 Grad Jungfrau
☊	17.05.1942	10 Grad Jungfrau
☊	21.11.1942	30 Grad Löwe
☊	17.05.1943	20 Grad Löwe

☊ 14.11.1943 10 Grad Löwe
☊ 11.05.1944 30 Grad Krebs
☊ 15.11.1944 20 Grad Krebs
☊ 21.05.1945 10 Grad Krebs
☊ 02.12.1945 30 Grad Zwillinge
☊ 28.07.1946 20 Grad Zwillinge
☊ 26.01.1947 10 Grad Zwillinge
☊ 02.08.1947 30 Grad Stier
☊ 27.01.1948 20 Grad Stier
☊ 25.07.1948 10 Grad Stier
☊ 25.01.1947 30 Grad Widder
☊ 25.07.1949 20 Grad Widder

☊ 19.01.1950 10 Grad Widder
☊ 26.07.1950 30 Grad Fische
☊ 22.01.1951 20 Grad Fische
☊ 03.08.1951 10 Grad Fische
☊ 28.03.1952 30 Grad Wassermann
☊ 07.10.1952 20 Grad Wassermann
☊ 03.04.1953 10 Grad Wassermann
☊ 09.10.1953 30 Grad Steinbock
☊ 03.04.1954 20 Grad Steinbock
☊ 03.10.1954 10 Grad Steinbock
☊ 02.04.1955 30 Grad Schütze
☊ 02.10.1955 20 Grad Schütze
☊ 28.03.1956 10 Grad Schütze

☊	04.10.1956	30 Grad Skorpion
☊	10.04.1957	20 Grad Skorpion
☊	09.12.1957	10 Grad Skorpion
☊	16.06.1958	30 Grad Waage
☊	15.12.1958	20 Grad Waage
☊	17.06.1959	10 Grad Waage
☊	15.12.1959	30 Grad Jungfrau

☊	10.06.1960	20 Grad Jungfrau
☊	07.12.1960	10 Grad Jungfrau
☊	10.06.1961	30 Grad Löwe
☊	08.12.1961	20 Grad Löwe
☊	14.06.1962	10 Grad Löwe
☊	23.12.1962	30 Grad Krebs
☊	20.08.1963	20 Grad Krebs
☊	17.02.1964	10 Grad Krebs
☊	25.08.1964	30 Grad Zwillinge
☊	20.02.1965	20 Grad Zwillinge
☊	26.08.1965	10 Grad Zwillinge
☊	19.02.1966	30 Grad Stier
☊	20.08.1966	20 Grad Stier
☊	12.02.1967	10 Grad Stier
☊	19.08.1967	30 Grad Widder
☊	15.02.1968	20 Grad Widder
☊	02.09.1968	10 Grad Widder

☊ 19.04.1969 30 Grad Fische
☊ 29.10.1969 20 Grad Fische

☊ 03.05.1970 10 Grad Fische
☊ 02.11.1970 30 Grad Wassermann
☊ 29.04.1971 20 Grad Wassermann
☊ 02.11.1971 10 Grad Wassermann
☊ 28.04.1972 30 Grad Steinbock
☊ 31.10.1972 20 Grad Steinbock
☊ 20.04.1973 10 Grad Steinbock
☊ 27.10.1973 30 Grad Schütze
☊ 03.05.1974 20 Grad Schütze
☊ 31.12.1974 10 Grad Schütze
☊ 10.07.1975 30 Grad Skorpion
☊ 07.01.1976 20 Grad Skorpion
☊ 11.07.1976 10 Grad Skorpion
☊ 07.01.1977 30 Grad Waage
☊ 12.07.1977 20 Grad Waage
☊ 07.01.1978 10 Grad Waage
☊ 05.07.1978 30 Grad Jungfrau
☊ 01.01.1979 20 Grad Jungfrau
☊ 07.07.1979 10 Grad Jungfrau

☊ 12.01.1980 30 Grad Löwe
☊ 11.09.1980 20 Grad Löwe
☊ 19.03.1981 10 Grad Löwe

☊	20.09.1981	30 Grad Krebs
☊	15.03.1982	20 Grad Krebs
☊	10.09.1982	10 Grad Krebs
☊	16.03.1983	30 Grad Zwillinge
☊	20.09.1983	20 Grad Zwillinge
☊	13.03.1984	10 Grad Zwillinge
☊	11.09.1984	30 Grad Stier
☊	09.03.1985	20 Grad Stier
☊	22.09.1985	10 Grad Stier
☊	06.04.1986	30 Grad Widder
☊	29.11.1986	20 Grad Widder
☊	28.05.1987	10 Grad Widder
☊	02.12.1987	30 Grad Fische
☊	28.05.1988	20 Grad Fische
☊	25.11.1988	10 Grad Fische
☊	22.05.1989	30 Grad Wassermann
☊	25.11.1989	20 Grad Wassermann
☊	21.05.1990	10 Grad Wassermann

☊	18.11.1990	30 Grad Steinbock
☊	25.05.1991	20 Grad Steinbock
☊	04.12.1991	10 Grad Steinbock
☊	01.08.1992	30 Grad Schütze
☊	05.02.1993	20 Grad Schütze
☊	05.08.1993	10 Grad Schütze
☊	01.02.1994	30 Grad Skorpion

☊	06.08.1994	20 Grad Skorpion
☊	31.01.1995	10 Grad Skorpion
☊	31.07.1995	30 Grad Waage
☊	31.01.1996	20 Grad Waage
☊	30.07.1996	10 Grad Waage
☊	25.01.1997	30 Grad Jungfrau
☊	15.08.1997	20 Grad Jungfrau
☊	11.04.1998	10 Grad Jungfrau
☊	21.10.1998	30 Grad Löwe
☊	15.04.1999	20 Grad Löwe
☊	13.10.1999	10 Grad Löwe
☊	09.04.2000	30 Grad Krebs
☊	13.10.2000	20 Grad Krebs
☊	31.12.2000	15 Grad Krebs

Anhang

Literaturhinweise

Astrologische Bücher:

Mertz, Bernd A., Grundlagen der klassischen Astrologie, Goldmann Verlag, München 1989.

ders., Der Weg zum Horoskop – Astrologie für Einsteiger, MVG Verlag, München/Landsberg 1995.

Rohr, Wulfing von, Die Deutung des Horoskops: Planeten, Zeichen, Häuser, Aspekte, Urania Verlags AG, CH-Neuhausen 1996.

ders., Karma und freier Wille im Horoskop, Hier & Jetzt Verlag/Hugendubel Verlag, Bad Oldesloe 1995/München 1997.

Schulman, Martin, Karmische Astrologie 1, Mondknoten und Reinkarnation, Urania Verlags AG, CH-Neuhausen 1991.

Vehlow, Johannes, Astrologie: Band I-VIII, Zeulenroda/Berlin, 1940-1955, vergriffen.

White, Azlan T. & Rohr, Wulfing von, Mondkraft – Die Kraft des Mondes und ihre Bedeutung für Ihr Leben, Econ Verlag, Düsseldorf 1996.

Spirituelle Bücher:

Singh, Kirpal, Das Mysterium des Todes, Origo Verlag, Bern 1983.

Singh, Darshan, Liebe auf Schritt und Tritt: Das Wunder deiner inneren Welten, Fischer Verlag, CH-Münsingen/Bern 1989.

Singh, Rajinder, Heilende Meditation: Der Weg zum inneren und äußeren Frieden, Urania Verlags AG, CH-Neuhausen 1996.

Rohr, Wulfing von, Was lehrte Jesus wirklich? Mystik in der Bibel, Goldmann Verlag, München 1995.

ders., Es steht geschrieben: Ist unser Leben Schicksal oder Zufall? Ariston Verlag, Kreuzlingen/München 1994.

ders., Karma und Reinkarnation: Einführung in die Spiritualität, Econ Verlag, Düsseldorf 1996.

ders., Das Buch der Meister: Wer sie sind und warum wir sie brauchen, Econ Verlag, Düsseldorf 1997.

Lebenshilfebücher:

Klingel, Brigitta, Exemplarisch Vegetarisch – Rezepte aus der vegetarischen Vollwertküche (ohne Ei!), SK Publikationen, Hof 1995.

Rohr, Ursula Maria von, Hör mir mal zu: Mit dem Herzen hören, aus dem Herzen sprechen, Fischer Verlag, CH-Münsingen/Bern 1996.

Rohr, Wulfing von, So bleiben Sie gesund: Die sieben Säulen der Gesundheitsvorsorge, Fischer Verlag, CH-Münsingen/Bern 1996.

Horoskopberechnung

Astrologische Berechnungen erstellt zum Beispiel die Firma Astrodata, Zürich, Albisriederstr. 232, CH-8047 Zürich oder die Buchhandlung Wrage, Schlüterstr. 4, D-20146 Hamburg.

Meditationskurse «Innere Astrologie»:
Kostenlose Treffen zur Meditation mit dem inneren Licht und zur ganzheitlichen Persönlichkeitsentfaltung finden unter der Leitung des Meditationsmeisters Rajinder Singh an vielen Orten statt. Weitere Informationen über:

- Helga Kammerl, Jägerberg 21, D-82335 Berg, Tel. (08151) 50449, Fax 51038
- Angela Seiler, Tödistr. 20, CH-8002 Zürich, Tel. (01) 2022372
- Herbert Wasenegger, Mautner Markhofgasse 13-15/V/3, A-1110 Wien

Beratung

Astrologische Beratung und Lebenshilfe unter besonderer Berücksichtigung des Mondes sowie Seminare zum Beispiel bei

- Monica Kissling, Impuls-Beratung Zürich, Tel. CH (01) 2810464, Fax 2813464
- oder beim Autor selbst.

Zum Autor

Wulfing von Rohr ist Sachbuchautor, Fernsehjournalist, Seminarleiter und Meditationsschüler. Er gilt als einer der besten deutschsprachigen Kenner der Esoterik und Metaphysik. Auf diesem Gebiet hat er viele Lehrer/innen persönlich kennengelernt und zahlreiche Wege selbst praktiziert. Zusammen mit seiner Frau Ursula Maria von Rohr ist er Herausgeber zweier Buchreihen und Leiter eines Meditationszentrums in Santa Fe, wo beide auch leben.

Seminaradressen

Der Autor hält Vorträge und gibt Seminare zu esoterischen und spirituellen Themen, u.a. über Astrologie, Gesundheitsvorsorge, Mystik und Meditation (zu den letzteren Themen kostenlos). Interessierte Veranstalter, die den Autor einladen, oder Menschen, die gern an solchen Kursen teilnehmen möchten, richten ihre Anfragen bitte direkt an ihn: Wulfing von Rohr, Telefax (001) (505) 986 – 0235.